Die schönsten Wege

Leichte Wanderungen

Schwarzwald

50 Touren zwischen Waldshut und Baden-Baden

J. BERG

Inhalt

Mittlerer Schwarzwald

Süd- und Hochschwarzwald

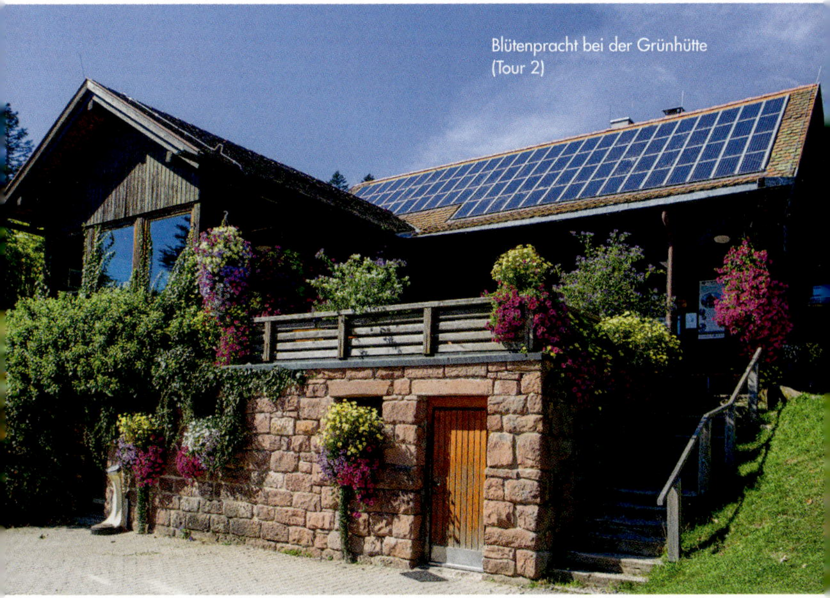

Blütenpracht bei der Grünhütte (Tour 2)

Tourenüberblick

Tour			Länge in km	Höhenunterschied in m	Gehzeit in Std.	Einkehr	kindergeeignet	Sehenswürdigkeit	wintergeeignet	viel Sonne	eher schattig	per Bus erreichbar	per Bahn erreichbar
1	● Mittel	Merkur	6,5	350	2.30	●	●	●	●	●		●	
2	● Leicht	Sommerberg	11,5	230	3.30	●	●	●	●		●	●	●
3	● Leicht	Auf den Hohloh	3,2	120	1.15		●	●		●		●	
4	● Leicht	Wildseemoor	8,7	110	3		●			●	●	●	
5	● Leicht	Eisentaler Weinwanderwege	7,3	170	2.30–3		●	●	●	●		●	
6	● Mittel	Luchspfad Baden-Baden	5	160	2–3		●●	●			●	●	
7	● Mittel	Erlebnispfad Schwarzenberg	6,1	240	2–2.30		●	●			●	●	●
8	● Mittel	Klosterreichenbach	9,4	280	3–3.30	●	●	●		●		●	●
9	● Leicht	Zur Großvatertanne	7	130	2–2.30	●	●	●			●	●	(●)
10	● Leicht	Rund um den Seekopf	5,5	160	2	●	●	●		●	●	●	
11	● Leicht	Lotharpfad und Panoramaweg	4,2	75	2		●●	●		●		●	
12	● Mittel	Schnapsbrunnen Alde Gott	7,5	310	3	●	●	●	●	●		●	
13	● Leicht	Kappelrodeck	7,4	300	2.30	●	●	●	●	●		●	●
14	● Leicht	Jakobskapelle Bergle	6,5	230	2.30		●	●	●	●	●	●	●
15	● Mittel	Kneipp-Panoramaweg	9,8	230	3.30		●		(●)	●	●	●	●
16	● Mittel	Geologischer Pfad von Wittichen	6,8	230	2.15–2.45		●	●		●	●	(●)	
17	● Mittel	Panoramaweg Mühlenbach	9,5	420	3–4		●			●	●	●	
18	● Leicht	Moserstein-Runde	3,2	150	1.30		●	●	(●)		●	●	
19	● Mittel	Schwarzwaldbahn-Erlebnispfad	6,7	340	2.30–3		●	●		●	●	●	●
20	● Mittel	Heilklimasteig	11,5	300	3.30–4	●	●	●		●	●	●	
21	● Mittel	Ruine Keppenbach	8,7	240	2.30–3	(●)	●	●		●		●	

● Leicht
● Mittel
● Schwer

Länge in km
Höhenunterschied in m
Gehzeit in Std.

Einkehr
kindergeeignet
Sehenswürdigkeit
wintergeeignet

viel Sonne
eher schattig
per Bus erreichbar
per Bahn erreichbar

Tour		km										
22	Hochburg bei Emmendingen	6,4	150	2.30–3	●	●	●	●	●		●	
23	Weinlehrpfad Buchholz	5,2	80	1.45		●		●	●		●	●
24	Fulenzerweg in Simonswald	5	40	1.30	●	●●	●	●	●		●	
25	Weinwanderung im Glottertal	7	300	2.15	●	●		●	●		●	
26	Josef-Seger-Weg Kandel	7,2	240	2.15	●	●	●		●	●	●	
27	Roßbergrunde in Breitnau	5	170	1.45–2	●	●			●		●	
28	Schauinsland	4,5	250	1.45–2	●	●	●		●		(●)	
29	Todtnauer Wasserfälle	6,2	380	2.30	●	●	●			●	●	
30	Martin-Heidegger-Weg	6,4	180	2.30		●	●		●		(●)	
31	Feldberg	8,5	370	3	●	●	●		●		●	
32	Feldsee	11,7	280	3.30–4	●	●	●			●	●	●
33	Titisee	8	180	2.45–3.15	●	●	●		●		●	●
34	Windgfällweiher	5	40	1.45	●	●	●			●	●	●
35	Riesenbühlturm	3,6	140	1.15–1.30	●	●	●		●	●	●	●
36	Panoramaweg Bonndorf	7,2	120	2.30	●	●	●		●		●	
37	Mühlen bei Ewattingen	6,3	240	2.30	(●)	●	●		●	●	●	
38	Bernauer Panoramaweg	8,2	280/230	3		●	●		●		●	
39	Bernauer Albweg	6,5	30/85	2.30		●			●		●	
40	Präger Weidbuchen	7	300	2.30–3.30		●	●		●		●	
41	Belchen-Panoramarunde	6,5	330	2.30–3	●	●	●		●		●	
42	Zur Kälbelescheuer	5	240	1.45–2.15		●	●			●	●	
43	Wälder über Badenweiler	6,8	270	2.45–3.15	(●)	●	●			●	●	
44	Auf den Blauen	7,6	300	2.30–3	●	●	●			●		
45	Schloss Bürgeln	7	250	2.30	●	●	●	●	●	●	●	
46	Zum Klosterweiher	9,6	320	3–4	●		●		●	●	●	
47	Loipenhausrunde bei Höchenschwand	3,5	80	1.15	●	●	●	(●)	●		●	
48	Höchenschwander Wolfspfad	4,2	130	1.30–2		●●	●			●		
49	Kleiner Rosenwanderweg	3,5	150	1.15–1.30		(●)	●		●	●	●	
50	Gupfen	9,3	170	3	●	●		●	●		●	

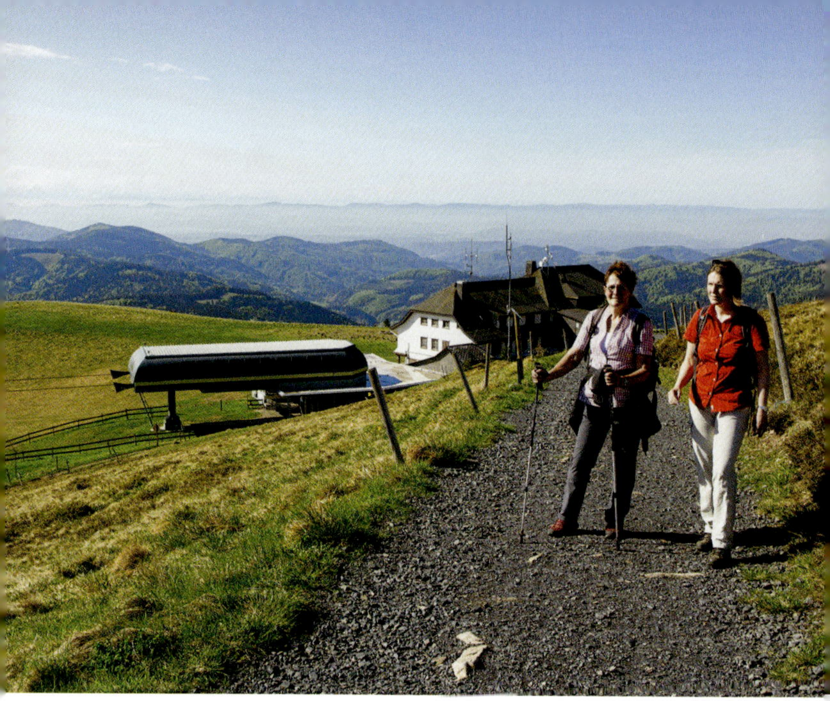

Mehr Freude am Wandern

Auf dem Gipfelrundweg des Belchen (Tour 41)

Der Schwarzwald ist das größte und höchste Mittelgebirge Deutschlands. Mit seinen beiden Naturparks bildet er zugleich eine der beliebtesten und am besten erschlossenen Wanderregionen. Eröffnen uns im Süden der Feldberg, der Belchen und zahlreiche weitere Hochlagen eine herrliche Fernsicht zu den Alpen und den benachbarten Mittelgebirgen, so machen im Mittleren Schwarzwald die reizvollen Täler das Wandern zum Erlebnis. Besonders schön sind hier die Seitentäler der Kinzig, aber auch die Burgen bei Emmendingen lohnen den Besuch.

Im Norden schließlich tauchen wir in stille, weite Wälder ein und bewegen uns in nur dünn besiedelten Landschaften. Hier sind es auf dem Kaltenbronn und im Nationalpark Schwarzwald die Hochmoore und rauen Grindenflächen, welche wir immer wieder gerne aufsuchen. Zuletzt reihen sich im Westen zwischen dem Gebirge und der Oberrheinebene Weinberge und idyllische Fachwerkdörfer aneinander und lassen Wanderer- und Genießerherzen gleichermaßen höher schlagen.

Anfahrt

Viele Wanderziele sind im Schwarzwald mit öffentlichen Verkehrsmitteln zu erreichen. Mit der KONUS-Gästekarte (**Ko**stenlose **Nu**tzung des ÖPNV im **S**chwarzwald) haben Sie freie Fahrt in allen neun Verkehrsverbünden der Ferienregion. Wer mit dem Auto anreist und ein Navi nutzt, kann die im Infokasten der einzelnen Touren angegebenen GPS-Koordinaten eingeben und wird punktgenau zum Ausgangspunkt der Wanderung beziehungsweise zur nächstgelegenen Parkmöglichkeit geleitet.

Gut gerüstet ans Ziel

Als Mittelgebirge wird der Schwarzwald gerne unterschätzt, doch auch hier gilt: Feste Wander- oder Trekkingschuhe sind ein Muss für sicheres Wandern. Die geringen Anforderungen der Touren verleiten dazu, mit Halb- oder Turnschuhen loszuspazieren, aber tatsächlich knicken auf den vermeintlich einfachen Wegen weit öfter Wanderer um, als man vermutet. Zudem wirken sich die einfachen Treter negativ auf die Fußgesundheit aus. Wanderstöcke hingegen begünstigen eine aufrechte Körperhaltung und schonen die Gelenke. Ebenfalls von Vorteil ist bequeme Wanderkleidung aus Funktionsmaterial, das schnell trocknet und sich leicht trägt. Auf Abstand sollte man hingegen beim Rucksack gehen – und zwar auf Abstand zum Rücken. Dies ermöglichen spezielle Bauweisen, die das Gewicht optimal verteilen und eine bessere Luftzirkulation erlauben. Dadurch bleiben Wanderhemden auch an warmen Sommertagen länger trocken und man hat ein deutlich besseres Gefühl auf der Haut.

Verantwortung und Selbsteinschätzung

Alle in diesem Wanderführer beschriebenen Touren orientieren sich am Wegkonzept des Schwarzwaldvereins, ergänzt durch wenige örtliche Beschilderungen. So führen uns die Wegweiser und die Markierungen mit verschiedenen Rauten sicher von A nach B und wieder zurück zum Ausgangspunkt. Umgekehrt sind aufgelassene Wege oder nur schlecht begehbare Trampelpfade ein sicheres Indiz dafür, dass man einen Abzweig verpasst hat. Wenn sich der nächste gut begehbare Weg nicht zufällig in Sichtweite befindet oder klar ist, wie man wieder auf den rechten Weg findet, ist es oft besser, auf sein Bauchgefühl zu hören und zur letzten Wegkreuzung zurückzukehren. Da in diesem Buch bis auf wenige Ausnahmen ausschließlich Rundwanderungen beschrieben sind, ist es für die Orientierung ebenfalls hilfreich, sich zu Beginn der Tour zu merken, ob man im oder gegen den Uhrzeigersinn wandert. Nachdem wir jetzt schon seit einigen Jahren im Schwarzwald unterwegs sind, wissen wir, dass sich Beschilderungen und Wegführungen von Zeit zu Zeit ändern können. Neu angelegte Themenwege oder Wandersteige mit eigener Kennzeichnung beeinflussen mitunter sogar die Farben der zuvor angebrachten Rauten. In so einem Fall

Schwierigkeitsgrade

- Leicht: Eher kurze Runden, die keine oder kaum Trittsicherheit erfordern und nur wenige Steigungen beinhalten.
- Mittel: Diese Touren können auch mal etwas längere Auf- und Abstiege beinhalten und/oder erfordern eine gewisse Kondition.
- Schwer: Diese Touren setzen festes Schuhwerk und ein gutes Maß an Trittsicherheit voraus. Wirklich schwer sind aber auch sie nicht.

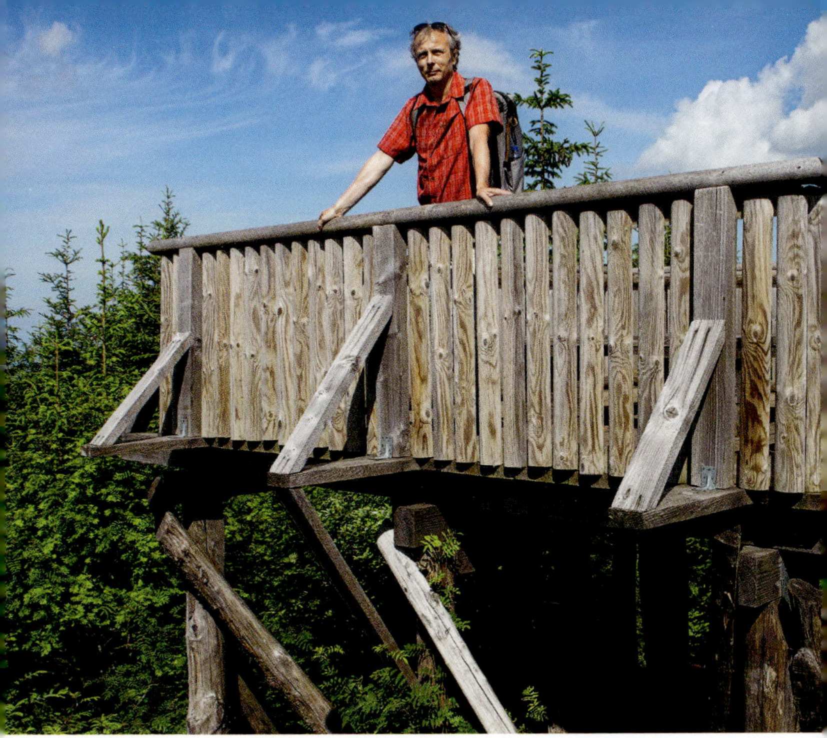

Von der Aussichtsplattform am Lotharpfad können Wanderer verfolgen, wie neuer Wald entsteht (Tour 11).

ist es meist besser, der neuen Wegmarkierung zu vertrauen, da sie einen sicher ans Ziel oder zurück zum Ausgangspunkt leitet.

Ein weiteres Ziel dieses Wanderführers ist, dass man am Ende der einzelnen Touren zufrieden auf die vergangenen Stunden und das Geleistete zurückblicken kann. Dies gelingt am besten, wenn man sich – und seine Begleiter – richtig einschätzt. Neueinsteiger sowie diejenigen, die nach einer längeren Pause wieder mit dem Wandern anfangen, sollten die etwas längeren Touren wie den Panoramaweg von Mühlenbach, den Josef-Seger-Weg am Kandel oder die Runde zum Klosterweiher nahe Dachsberg und St. Blasien erst in Angriff nehmen, wenn eine gewisse Grundkondition aufgebaut ist. Wichtig ist auch, das Wetter richtig einzuschätzen. Gerade an heißen

Sommertagen bilden sich über den Hochlagen des Schwarzwalds gerne Gewitterwolken, die oft schon nachmittags mit Platzregen und Hagel sowie Blitz und Donner niedergehen. Ein Regenschutz sollte deshalb immer dabei sein. Ebenfalls hilfreich ist es, die Entwicklung von Regenwolken im Internet, etwa auf www.meteoblue.com oder www.niederschlagsradar.de, zu beobachten. Im Zweifelsfall sollte man sich auch nicht davor scheuen, eine Tour abzubrechen beziehungsweise nach dem Unwetter fortzusetzen.

Blick durch die Reben nach Kappelrodeck (Tour 13)

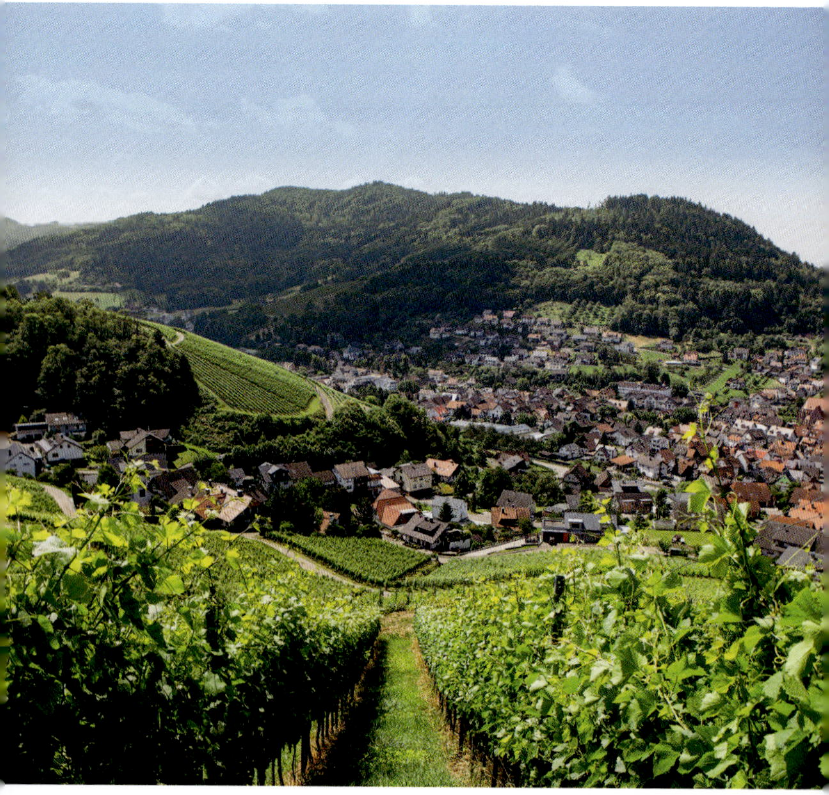

Pause mit Genuss

Zu einer schönen Wanderung gehört natürlich auch eine Einkehr oder längere Rast. Hier haben wir es mit den »Leichten Wanderungen im Schwarzwald« bestens getroffen, denn die dort beschriebenen Touren führen uns zu vielen traumhaft gelegenen Plätzen, von denen man Jahre später noch schwärmt. Zudem kommt man meist an wenigstens einer Wirtschaft vorbei, sodass man sich mit Gleichgesinnten austauschen und nebenbei die »Leichten Wanderungen im Schwarzwald« weiterempfehlen kann. Bevor Sie darauf verzichten, ein eigenes Vesper oder zumindest etwas zu trinken mitzunehmen, vergewissern Sie sich aber, dass die gewählte Wirtschaft geöffnet ist.

Wandern im Winter

Im Schwarzwald ist es durchaus noch möglich, im Winter Ski zu fahren. Die Tage, an denen eine ausreichende Schneedecke zum winterlichen Vergnügen einlädt, werden aber seltener. Bei manch einem traditionellen Wintersportort fiel in den letzten Jahren gar eine komplette Saison wortwörtlich ins Wasser. Da sich diese Entwicklung in den nächsten Jahren fortsetzen wird, sind in diesem Wanderführer einige Tou-

Internetadressen

- Infos und Wissenswertes rund um den Nationalpark im Nordschwarzwald: www.nationalpark-schwarzwald.de
- Informationsportal des Naturparks Schwarzwald Mitte/Nord: www.naturparkschwarzwald.de
- Umfassende Informationen zu den Aufgaben und Besonderheiten des größten Naturparks in Deutschland: www.naturpark-suedschwarzwald.de
- Gemeinsamer Auftritt der Ortsgruppen des Schwarzwaldvereins: www.schwarzwaldverein.de
- Unser Wanderportal: www.suedschwarzwald.biz

ren enthalten, die das ganze Jahr über möglich sind. Dazu zählen mehrere Wanderungen bei Baden-Baden und im Kinzigtal sowie auch die Wanderungen bei Sasbachwalden und Kappelrodeck. Andere Strecken, wie die Runde zur Grünhütte oder die Wege am Titisee, werden bei Schnee als Winterwanderweg unterhalten. Da keine der Touren länger als vier Stunden dauert, sind die Tage selbst im Dezember und Anfang Januar lang genug, um vor dem Sonnenuntergang wieder am Ausgangspunkt anzukommen. Aktiven Wanderern bietet das Buch damit einige Ideen, um sich auch in der kühlen Jahreszeit fit zu halten, ehe sie wieder längere Strecken in Angriff nehmen.

Gehzeiten und Höhenangaben

Die genannten Zeiten beziehen sich auf die reine Gehzeit. Weil es bei vielen der Touren einiges zu entdecken gibt, beinhaltet diese auch die Zeit, in der man sich umsieht und die Landschaft auf sich wirken lässt. Entsprechend der Zielgruppe haben wir das Durchschnittstempo mit ca. 2,8 km/h vergleichsweise niedrig gewählt. Pausen oder gar eine längere Einkehr sind in den angegebenen Zeiten jedoch nicht enthalten. Rechnen Sie außerdem bitte etwas Zeit für unvorhergesehene Änderungen ein, sodass Sie auch bei zusätzlichen Abstechern, bei kürzerem Verlaufen oder einem gesperrten Weg (z. B. wegen Holzfällarbeiten) noch rechtzeitig zurück am Ausgangspunkt sind. Die Höhenangaben beinhalten die tatsächlich zu leistenden Höhenmeter. Lediglich kleine Kuppen und Senken mit nur geringem Höhenunterschied blieben unberücksichtigt. So stehen Sie nicht plötzlich vor einem großen Zwischenanstieg, der nirgends erwähnt wird.

Aussicht vom Heibererfelsen ins Elztal (Tour 26)

Unsere Favoriten

- Schnapsbrunnen Alde Gott, Tour 12
- Heilklimasteig, Tour 20
- Josef-Seger-Weg, Tour 26
- Martin-Heidegger-Weg, Tour 30
- Bernauer Panoramaweg, Tour 38

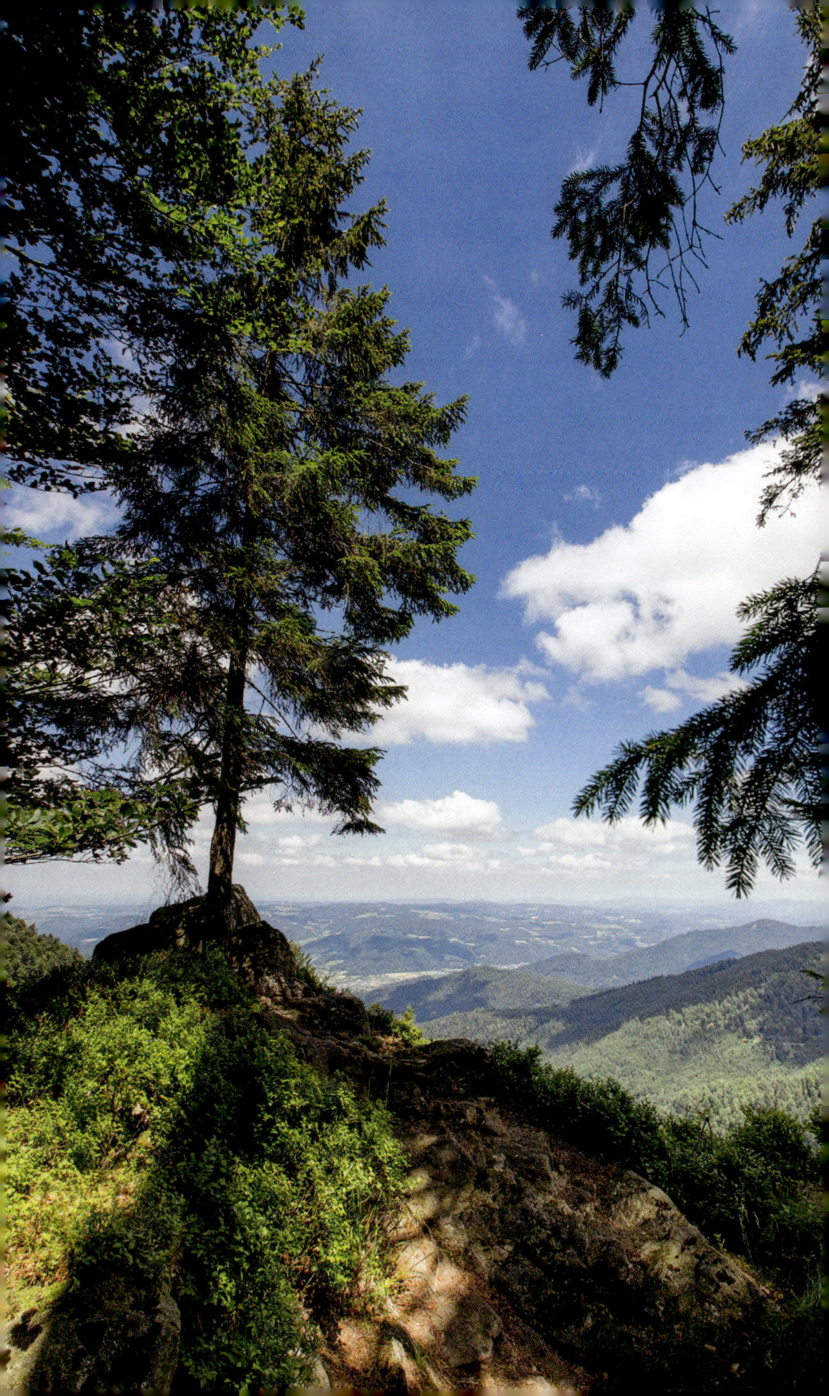

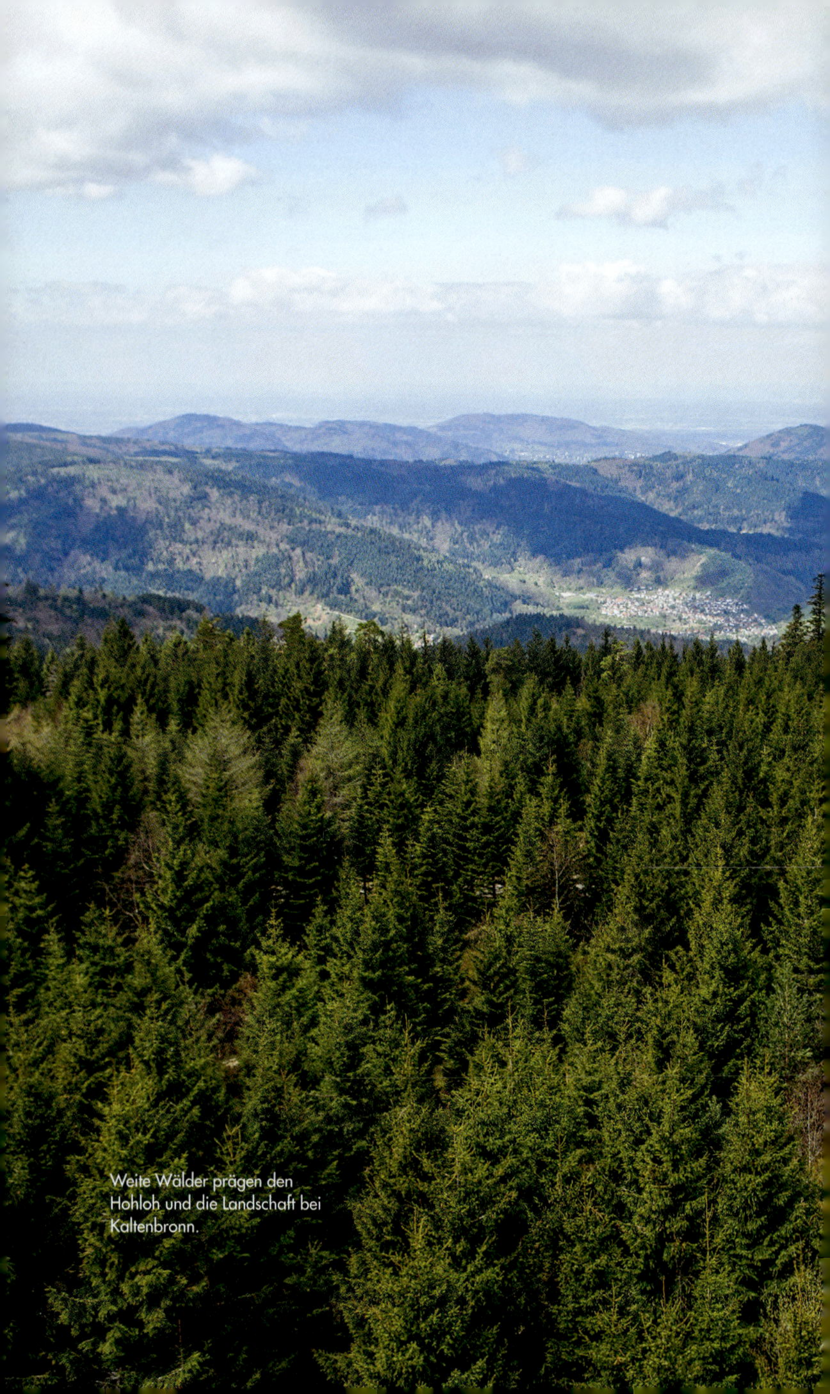

Weite Wälder prägen den Hohloh und die Landschaft bei Kaltenbronn.

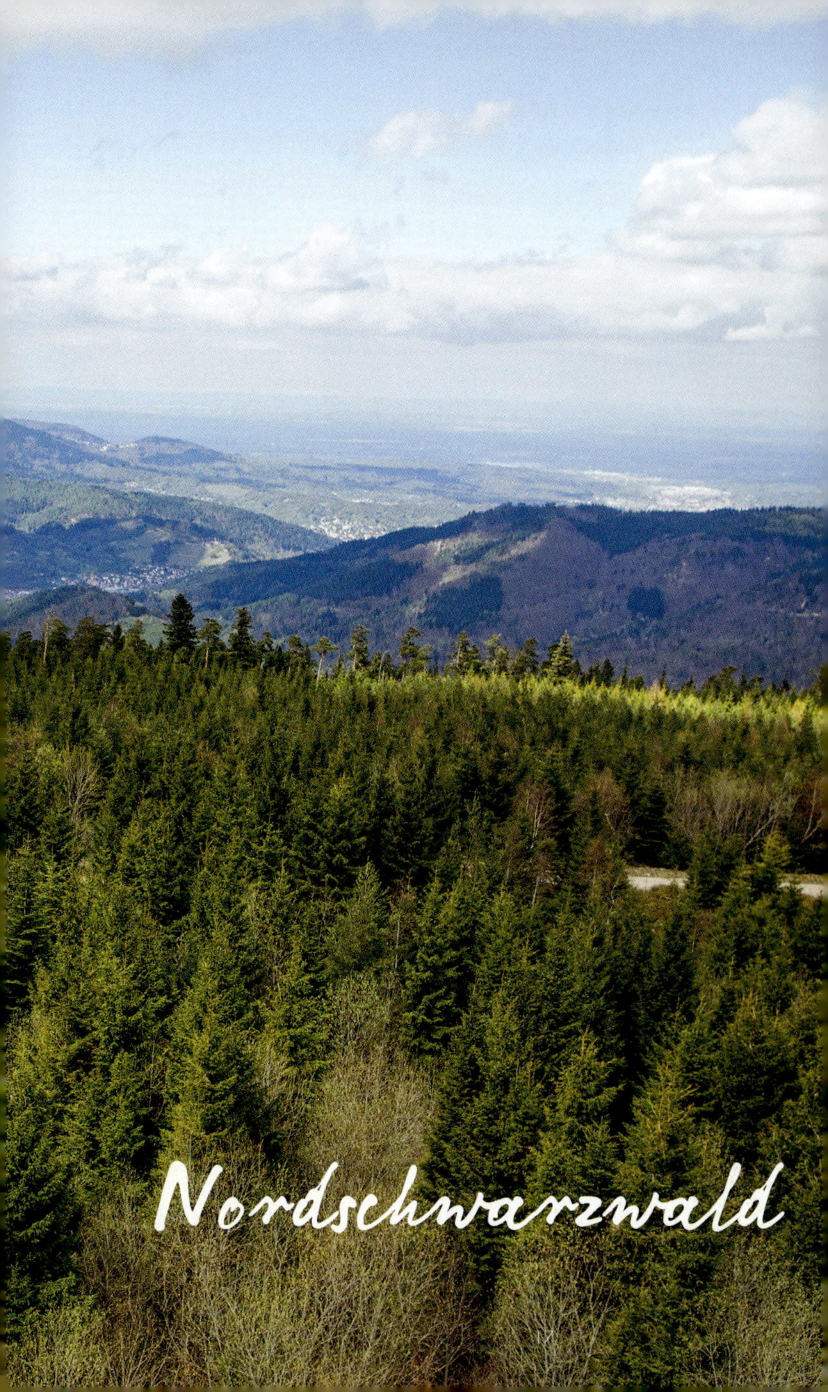
Nordschwarzwald

1 Merkur

Aufstieg über den Binsenwasen

Mittel | 6,5 km | 350 Hm | 2.30 Std.

Tourencharakter: Der Abstieg vom Merkur erfordert etwas Trittsicherheit, sonst ist es eine bequeme Runde.

Ausgangspunkt/Endpunkt: Sattley (364 m)

Höchster Punkt: Merkur (668 m)

Anfahrt: Auto: Von der L79a Baden-Baden–Ottenau zwischen Ebersteinburg und Selbach auf die K3766 nach Gernsbach abfahren und der Straße bis zum Parkplatz auf der Passhöhe folgen.
GPS: 48.7669, 8.2944;
Bus & Bahn: Ab den Bahnhöfen Baden-Baden, Loffenau und Bad Herrenalb fährt die Buslinie 244 (RVS) bis zur Haltestelle Staufenberg Neuhaus.

Einkehr: Restaurant Merkurstüble, täglich ab 10 Uhr, Tel. 07221/ 970 98 42, www.merkurstueble-baden-baden.de

Beste Jahreszeit: Ganzjahrestour

Karte: Karte des Schwarzwaldvereins 1:25 000, W225 Baden-Baden

Informationen: www.baden-baden.de

Unsere erste leichte Wanderung führt von der Passhöhe Sattley auf den Hausberg von Baden-Baden. Neben dem frei zugänglichen Merkurturm erwarten uns dort einige Rastmöglichkeiten samt Liegewiese und Spielplatz mit Riesenrutsche.

Wir starten bei der Passhöhe Sattley oberhalb des Ortes Staufenberg. Beim Wegweiser nahe der Kreisstraße halten wir uns links und folgen der Wegmarkierung gelbe Raute durch den Wald zum Naturfreundehaus Weise Stein. Dort biegen wir scharf rechts auf die Murgleiter ab. Nach einem etwas steileren Zwischenanstieg führt uns der beliebte Fernwanderweg über den Wegweiser Krummer Weg auf den Binsenwasen. Auf der Freifläche laden mehrere Bänke zu einer ersten Rast ein. Auch eine Schutzhütte

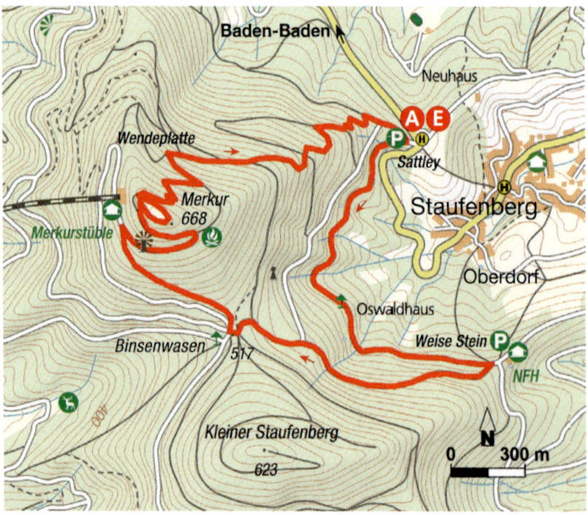

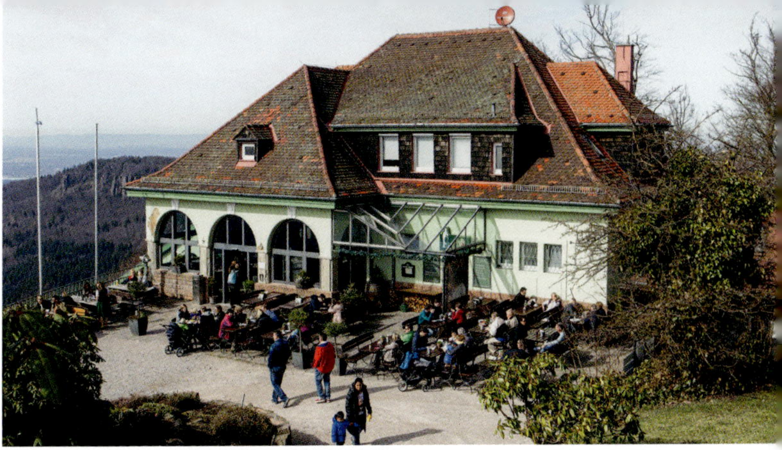

Das Restaurant Merkurstüble ist der MerkurBergbahn direkt angeschlossen.

ist vorhanden. Wir bleiben auf der Murgleiter, die uns nun über den Fuchsweg und die Merkurstraße zielsicher hoch zum Merkur bringt.

Nach 1,4 Kilometern haben wir das Gipfelplateau des Merkur erreicht. Der Hausberg von Baden-Baden ist auch als Großer Staufenberg bekannt, so befindet sich hier die westliche Grenze der Gemarkung Staufenberg. Der Name Merkurberg geht auf den altrömischen Gott Mercurius zurück, da hier ein römischer Votivstein mit seinem Abbild entdeckt wurde. Wenige Meter neben einer Replik des Steins ermöglicht uns der Merkurturm eine herrliche Panoramasicht auf Baden-Baden, über die Oberrheinebene zu den Vogesen sowie ins Murgtal. Auf die Aussichtsplattform gelangen wir übrigens bequem mit dem Fahrstuhl.

Der spätere Rückweg erfolgt auf der bewaldeten Nordseite des Merkur. Das auf dieser Seite höhere Gefälle wird durch einige Kehren entschärft, sodass wir doch einigermaßen bequem über die Wegweiser Wendeplatte, Zickzackweg und Nassmissweg wieder zum Ausgangspunkt auf der Sattley gelangen.

MerkurBergbahn

Die MerkurBergbahn gilt mit einer Steigung von bis zu 54 % als eine der längsten und steilsten Standseilbahnen Deutschlands. Die Bahn verkehrt täglich von 10 bis 22 Uhr zwischen der Talstation in der Markgrafenstraße in Baden-Baden und der Bergstation (www.stadtwerke-baden-baden.de/merkur-bergbahn).

2 Erlebnis Sommerberg

Auf leichten Pfaden zur Grünhütte

Leicht | 11,5 km | 230 Hm | 3.30 Std.

Tourencharakter: Technisch anspruchslose Wanderung auf überwiegend breiten und bequem zu gehenden Forstwegen

Ausgangspunkt/Endpunkt: Parkplatz Sommerberg (730 m)

Höchster Punkt: Auf dem Dreschenweg (865 m)

Anfahrt: Auto: Von der B 294 Pforzheim–Freudenstadt von Norden kommend bei Calmbach, von Süden auf Höhe Simmersfeld auf die L351 abbiegen. In Bad Wildbad der Beschilderung zum Parkplatz auf dem Sommerberg folgen. GPS: 48.7512, 8.5377; Bus & Bahn: Ab dem Bahnhof Bad Wildbad zu Fuß zur Talstation der Sommerbergbahn, weiter mit der Bahn bis zur Bergstation.

Einkehr: Waldgaststätte Grünhütte, Di-So ab 10 Uhr; Gastronomie auf dem Sommerberg

Beste Jahreszeit: Ganzjahrestour

Karte: Karte des Schwarzwaldvereins 1:25 000, W266 Pforzheim

Informationen: www.bad-wildbad.de

Ausgedehnte Tannenwälder und bequem zu gehende Wege charakterisieren den Sommerberg. 300 Meter oberhalb von Bad Wildbad und der Enz bildet er ein beliebtes Ausflugsziel mit allerlei Möglichkeiten zur Freizeitgestaltung. Unser Ziel ist die Grünhütte.

Ab dem gebührenpflichtigen Parkplatz nutzen wir zunächst den Fußweg zur Bergstation der Sommerbergbahn, passieren diese und gelangen in der Folge rechts über den Heermannsweg zum Wegweiser Sommerberg. Dort biegen wir links auf den Emmaweg ab, auf dem es an der Rodelhütte und etwas weiter am Eingang zum Baumwipfelpfad vorbei zur Saustallhütte geht. Selbstversorger finden dort einen großzügig angelegten Grillplatz und können somit schon eine erste Rast einlegen. Von der Lichtung geht es mit der gelben Raute links über den Blöcherweg und den Wegweiser Bächlesweg zur Wiese »5 Bäume«, wo uns ein weiterer Rastplatz erwartet.
Am Ende der Lichtung treffen wir auf den Mittelweg, den wir für den Rückweg nutzen werden. Für den Hinweg zweigen wir halbrechts ab und folgen den Rundwegen 5 und 6 über »Lehenbrückle« bis zum Wegweiser Rotfußenweg. Dort biegen wir links ab und wandern mit der Beschilderung über Langenwald bis zur Grünhütte. Die Waldgaststätte beschreibt sich selbst als Paradies für Wanderer, die das Besondere lieben. Tatsächlich waren wir über die auch im Herbst noch farbenfrohe Blumenpracht überrascht.

Für den Rückweg kehren wir zum Wegweiser Langenwald zurück und wechseln halbrechts auf den Mittelweg. Der Fernweg führt uns über die Langenwaldebene und den Laternenbuckel zurück zum Rastplatz »5 Bäume«. Ab der Lichtung nutzen wir den Heermannsweg, der uns nun in östlicher Richtung durch den Wald leitet. Nachdem wir den Märchenpfad gekreuzt haben, halten wir uns bei der nächsten Lichtung (mit Holzlager) rechts. Wir treffen erneut auf den Märchenpfad und sehen vor uns die Hängebrücke WildLine. Von der 2018 eröffneten Brücke ist es noch ein Kilometer bis zur Sommerberg-Siedlung.

WildLine Hängebrücke

Die Hängebrücke ist, je nach Belastung, rund 68 m hoch und erstreckt sich auf einer Länge von 380 m über ein Seitental der Enz. Als Besonderheit gilt, dass das gegenüberliegende Ende beim Betreten der Brücke noch nicht zu sehen ist. Öffnungszeiten und Eintrittspreise sind auf der Seite www.wildline.de genannt.

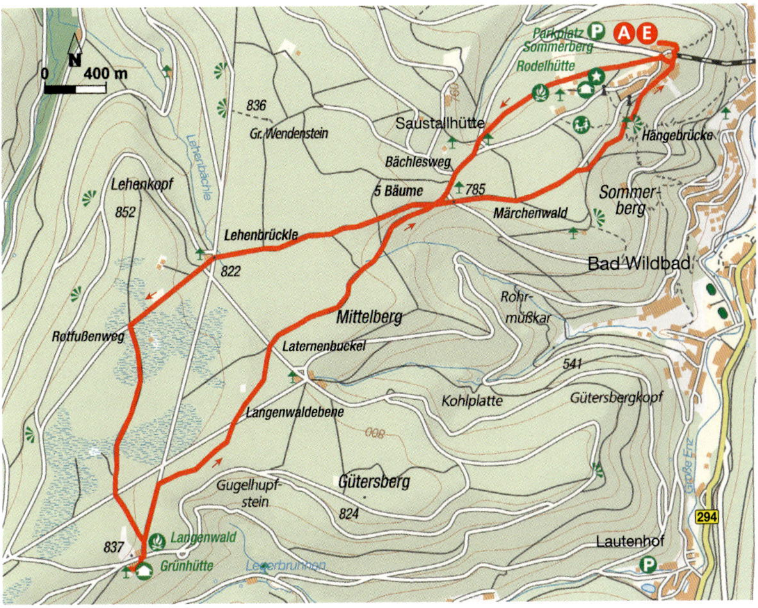

3 Auf den Hohloh

Aufstieg ab dem Kaltenbronn

Leicht | 3,2 km | 120 Hm | 1.15 Std.

Tourencharakter: Nach dem Aufstieg zum Hohloh-Moor ist es eine einfache Wanderung über bequem zu gehende Pfade und Wege. Im Hohlohturm führen 158 Stufen auf die Aussichtsplattform.

Ausgangspunkt/Endpunkt: Kaltenbronn Parkplatz F (875 m)

Höchster Punkt: Hohlohturm (985 m)

Anfahrt: Auto: Von Gernsbach über die B462 und L76b Richtung Bad Wildbad oder über die L351 zwischen Bad Wildbad und Enzklösterle bei Sprollenmühle auf die L76b Richtung Baden-Baden bis Kaltenbronn Parkplatz F. GPS: 48.7075, 8.4301; Bus & Bahn: Ab Gernsbach bestehen Busverbindungen zur Haltestelle Kaltenbronn.

Einkehr: Auf der Strecke keine; schöne Rastmöglichkeiten

Beste Jahreszeit: Mai bis November

Karte: Karte des Schwarzwaldvereins 1:25 000, W225 Baden-Baden

Informationen: www.infozentrum-kaltenbronn.de

Mit 988 Metern über dem Meer bildet der Hohloh die höchste Erhebung zwischen den Tälern der Murg und der Enz. Unsere kurze Runde verbindet den traumhaft gelegenen Großen Hohlohsee mit dem Hohlohturm, dem herausragenden Wanderziel auf dem Kaltenbronn.

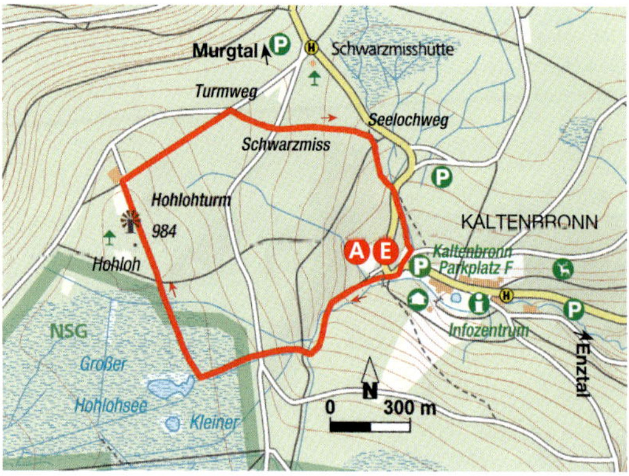

Am Parkplatz Kaltenbronn ist der Hohlohsee bereits angeschrieben. Damit folgen wir dem Mittelweg über die Landstraße in den Wald und durch das relativ steile Tal des Hühnerwässerle. Nach rund einem Kilometer haben wir den Anstieg aber geschafft und es öffnet sich ein großartiger Ausblick über den Großen Hohlohsee. Zusammen mit dem Kleinen Hohlohsee und dem Wildseemoor ist der Moorsee vor etwa 10 000 Jahren entstanden und heute ein wichtiger Lebensraum seltener und störungsempfindlicher Arten. Ein Bohlenweg bietet wenige Sitzmöglichkei-

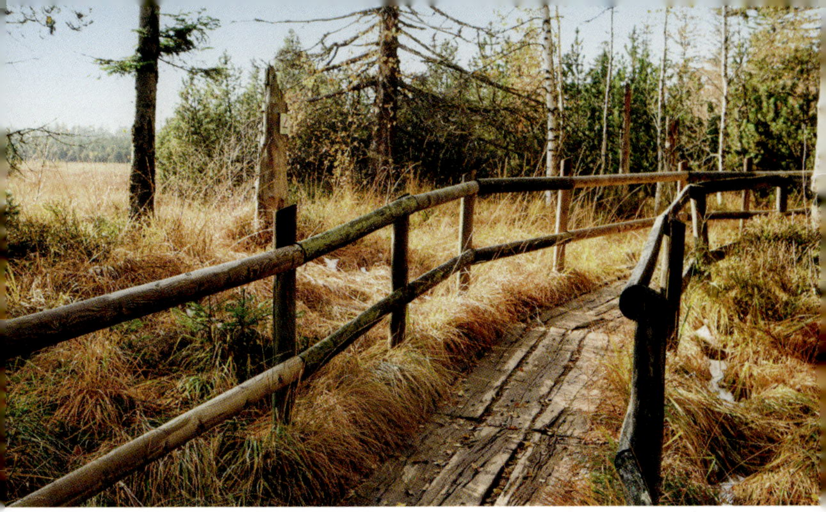

ten im Bereich des Moorsees mit schöner Sicht über das Wasser.

Ein alter Bohlenweg bewahrt Wanderer vor nassen Füßen und die Vegetation vor Trittschäden.

Am Ende des Bohlenwegs geht der Wanderweg in einen breiten Schotterweg über. Ihm folgen wir auf direktem Weg bis zum Hohlohturm. Dieser ersetzte im Jahr 1897 einen erst 1856 erbauten, durch das raue Klima aber bereits marode gewordenen Holzturm. Da in der Zwischenzeit auch der Wald deutlich an Höhe gewonnen hatte, wurde der Turm um fünf Meter auf 20 Meter erhöht. 1968 erfolgte im Rahmen einer umfassenden Sanierung eine weitere Erhöhung auf nunmehr 29 Meter. Damit sind es heute 158 Stufen bis auf die obere Aussichtsplattform.

Oben erwartet uns ein weitreichendes Panorama über die Wälder auf dem Kaltenbronn bis zu den umliegenden Mittelgebirgen.

Beim Turm biegen wir rechts ab und gelangen so zum Wegweiser Turmweg, wo wir erneut rechts abbiegen und der gelben Raute über »Schwarzmiss« und »Seelochweg« zurück zum Ausgangspunkt auf dem Kaltenbronn folgen.

Kaiser-Wilhelm-Turm

Der Aussichtsturm auf dem Hohloh ist auch als Kaiser-Wilhelm-Turm bekannt. Dieser Name geht darauf zurück, dass der Kaiser seinerzeit gerne auf den Hohloh kam, um Auerhähne zu jagen. Heute zählt der große Hühnervogel zu den am strengsten geschützten Arten im Schwarzwald.

4 Wildseemoor

Natur pur auf dem Kaltenbronn

Leicht | 8,7 km | 110 Hm | 3 Std.

Tourencharakter: Die Runde nutzt barrierefreie Wege und führt im Bereich des Wildseemoors über einen Holzsteg. Dieser ist für Rollstuhlfahrer eng bemessen, es gibt aber Ausweichmöglichkeiten.

Ausgangspunkt/Endpunkt: Parkplatz F (875 m)

Höchster Punkt: Nahe Saatschulhütte (910 m)

Anfahrt: Auto: Von Gernsbach über die B 462 und L76b Richtung Bad Wildbad und bei Sprollenmühle auf die L76b nach Baden-Baden abbiegen, weiter bis Kaltenbronn Parkplatz F.
GPS: 48.7075, 8.4301;
Bus & Bahn: Ab Gernsbach bestehen Busverbindungen zur Haltestelle Kaltenbronn.

Einkehr: Auf der Strecke keine; schöne Rastmöglichkeiten am See

Beste Jahreszeit: Mai bis November

Karte: Karte des Schwarzwaldvereins 1:25 000, W225 Baden-Baden

Informationen: www.infozentrum-kaltenbronn.de

Holzstege und -bohlen eröffnen uns herrliche Einblicke in die Moorlandschaft auf dem Kaltenbronn. Die Wege sind zu jeder Jahreszeit ein beliebtes Ausflugsziel. So ist es ein Leichtes, sich mit Gleichgesinnten auszutauschen.

Wie bei der Hohloh-Wanderung starten wir auch hier beim Parkplatz F nahe dem Infozentrum Kaltenbronn. Diesmal jedoch kehren wir der Straße den Rücken, queren einen schmalen Waldstreifen und gelangen am Schlittenhang vorbei zum Wildgehege. Geradeaus weiter führt uns der breite Schotterweg wieder in den Wald. Dort informieren Tafeln über die Böden auf dem Kaltenbronn, die Verwendung des hier hiesigen Buntsandsteins und die Ansprüche des Auerwilds an seinen Lebensraum. Der Weg zur Leonhardhütte führt außerdem an einer historischen Laderampe vorbei.
Wenige Schritte nach der Hütte zweigen wir rechts auf einen deutlich schmaleren Weg ab. Auf einem Holzsteg geht es nun in den Bannwald hinein, der am Rand noch von Fichten und Moorkiefern geprägt ist. Schon bald aber wird es feuchter, der Wald lichter und der Anteil typischer Moorpflanzen größer. Wo wir die offene Wasserfläche des Wildsees erreichen, laden mehrere Bänke zur Rast ein. Gerne können wir hier einige Zeit verweilen und den Blick über das dunkle Wasser und die winzigen Inseln im See schweifen lassen. Ein Stück weiter knickt der Weg rechts ab, führt uns am Hornsee vorbei und endet schließlich bei der Weißensteinhütte. Dort biegen wir links auf den Mittelweg ab. Der Fernwanderweg führt uns in einem weiten Bogen

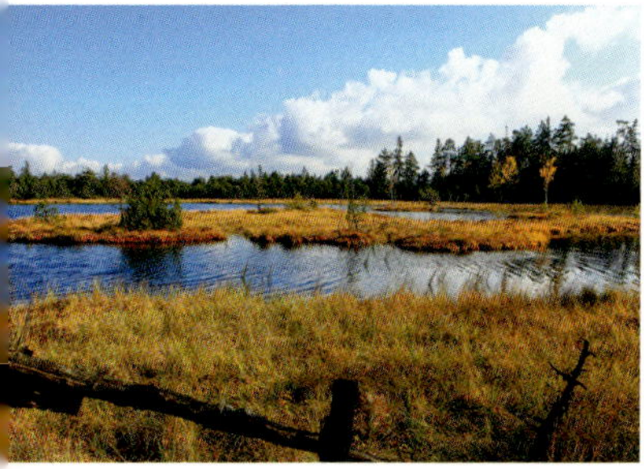

Kaltenbronn: Variante

Da sich die Touren 3 und 4 einen Ausgangspunkt teilen und nur geringe Anforderungen stellen, lassen sich diese gut miteinander kombinieren. Genauso ist ein Abstecher zur Grünhütte möglich. Ab der Weißensteinhütte sind es 1,4 km bis zur Berggaststätte.

um den Hornberg herum. Nachdem wir den Seegraben überquert haben, nehmen wir die kurze Steigung zur Saatschulhütte. Weiter geradeaus führt uns der Mittelweg über eine Kuppe hinweg zum Wildgehege oberhalb des Infozentrums. Die letzten Meter zum Parkplatz F kennen wir bereits.

Auch im Spätherbst lohnt sich die Wanderung zum Wildseemoor.

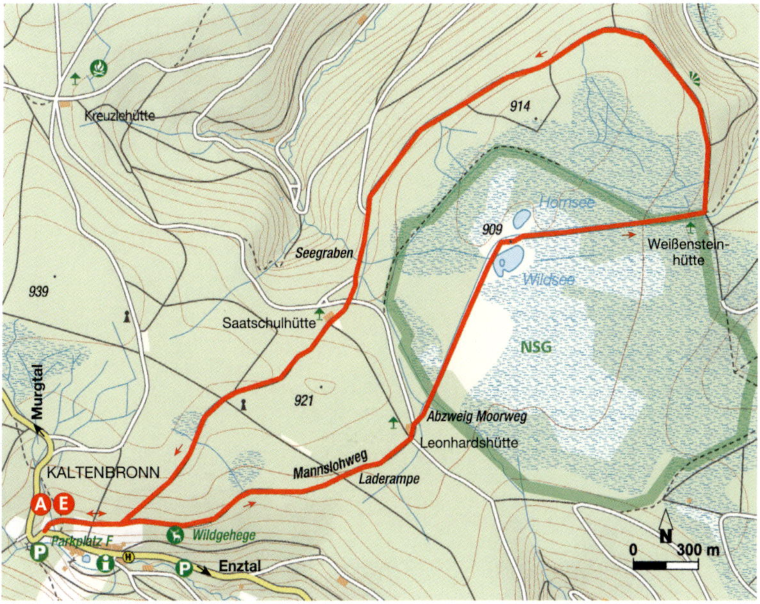

5 Rotweinpfad und Rieslingweg

Eisentaler Weinwanderwege

Leicht | 7,3 km | 170 Hm | 2.30–3 Std.

Tourencharakter: Die Beschilderung könnte besser sein, ansonsten ist es eine reizvolle Wanderung auf meist breiten Wegen mit schöner Aussicht.

Ausgangspunkt/Endpunkt: Parkplatz oh. Kneipp-Anlage (200 m)

Höchster Punkt: Heißer Stein (285 m)

Anfahrt: Auto: Von der A 5 bei Ausfahrt 52 auf die L85 nach Bühl abfahren und bei Bühl auf die L84 nach Eisental abbiegen. Im Ort von der Weinstraße in die Betschgrabenstraße abbiegen und dieser bis ans obere Ende folgen. GPS: 48.7090, 8.1713; Bus & Bahn: Ab Baden-Baden Bahnhof bestehen Busverbindungen zur Haltestelle Eisental Gasthaus Traube direkt am Wanderweg.

Einkehr: Auf der Strecke keine; in Eisental

Beste Jahreszeit: Ganzjahrestour

Karte: Karte des Schwarzwaldvereins 1:25 000, W225 Baden-Baden

Informationen: www.buehl-buehlertal-ottersweier.de

Diese Tour verbindet zwei Weinwanderwege der Affentäler Winzergenossenschaft Bühl. Nach der Aussicht vom Pavillon auf dem Heißen Stein eröffnet uns der Carl-Netter-Turm einen traumhaften Rundblick über die Eisentaler Weinberge.

Vom Parkplatz oberhalb des Barfußpfads geht es mit dem Symbol einer roten Weintraube in östlicher Richtung zur Fatimakapelle, bei der wir links auf den Zickzackweg abzweigen. Wo der Pfad endet, biegen wir rechts ab und folgen der Straße durch den Wald zum Pavillon Heißer Stein. Von der Anhöhe geht es nochmals durch den Wald sowie am Grillplatz am Heißen Stein vorbei bis Oberm Betschgraben.
Ab dem Wegweiser wandern wir auf dem Ortenauer Weinpfad am Christus-Kreuz sowie am Denkmal der

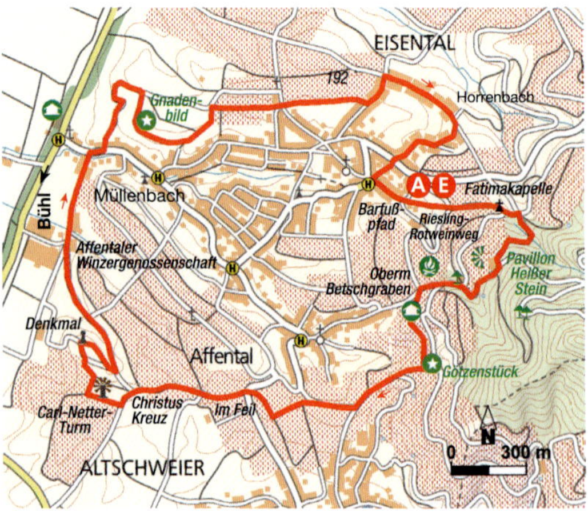

Affentäler Winzergenossenschaft vorbei bis Götzenstück. Dort verlassen wir den regionalen Wanderweg wieder und gehen nun mit der gelben Raute über »Im Feil« zum Carl-Netter-Turm. Kurz bevor wir den Aussichtsturm erreichen, passieren wir ein weiteres Christus-Kreuz. Der Aufstieg auf die filigrane Eisenkonstruktion wird mit einem herrlichen Panorama über die Weinberge belohnt. Nach dem Turm biegen wir rechts und 80 Meter weiter gleich wieder links ab, sodass wir zu einem weiteren, aber weniger attraktiven Denkmal gelangen. Dort zweigen wir abermals erst rechts, dann mit der Beschilderung des Rieslingwegs links auf die Immensteinstraße ab. Diese führt uns an den Gebäuden der Winzergenossenschaft vorbei zur Weinstraße. Sowie wir diese einen Steinwurf weiter rechts überquert haben, leitet uns das helle Traubensymbol auf wechselnden Wegen um Eisental herum bis zur Horrenbacher Straße.

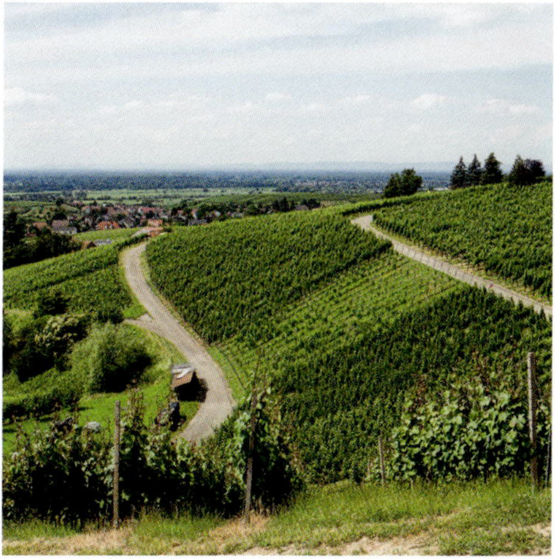

Ausblick vom Götzenstück über die Weinberge der Affentaler Winzer

Nach rechts beschreibt diese einen Bogen und geht in die Weinbergstraße über. Zurück im Ort kreuzen wir erneut die Weinstraße und nehmen das kurze Stück durch die Schartenbergstraße. Wo wir ein drittes Mal auf die Weinstraße treffen, biegen wir schließlich links ab. Die letzten Meter führen uns am Eisentaler Barfußpfad sowie einem Kneipp-Becken vorbei, wo wir zum Ende der Wanderung nochmals eine schöne und erfrischende Gelegenheit für eine Pause bekommen.

6 Luchspfad Baden-Baden

Einem Schleicher auf der Spur

Mittel | 5 km | 160 Hm | 2-3 Std.

Tourencharakter: Gut angelegte Waldpfade, zum Teil mit Stufen, die etwas Trittsicherheit erfordern und die bei Nässe leicht glitschig werden können. Viele schöne Ideen auf der Runde

Ausgangspunkt/Endpunkt: Parkplatz Plättig (770 m)

Höchster Punkt: Nahe Märchenwiese (ca. 780 m)

Anfahrt: Auto: Der Parkplatz befindet sich direkt an der B 500 bzw. Schwarzwaldhochstraße zwischen Geroldsau und Sand.
GPS: 48.6700, 8.2317;
Bus & Bahn: Ab Bühl ZOB/Bahnhof und Mummelsee bestehen Busverbindungen zur Haltestelle Bühlerhöhe/Plättig.

Einkehr: Auf der Strecke keine; schöner Rastplatz

Beste Jahreszeit: Mai bis Oktober

Karte: Karte des Schwarzwaldvereins 1:25 000, W235 Freudenstadt

Informationen: www.buehl-buehlertal-ottersweier.de

Bislang gab es nur wenige Sichtungen des Luchses im Schwarzwald. Luchse leben im Verborgenen, sind scheu und jagen schleichend durch die Wälder. Im Stadtwald von Baden-Baden gibt uns der Luchspfad Einblicke in den Lebensraum der »Pinselohren«.

Beim Parkplatz Plättig auf der Bühler Höhe informiert bereits eine Tafel über den Luchspfad. Der beschilderte Zugang zum Themenpfad führt von der Bushaltestelle an der B 500 zur St.-Antonius-Kapelle und weiter über einen Holzsteg in den Wald. Wo wir auf einen breiteren Weg treffen, trennt uns rechts noch ein Katzensprung von der Infohütte am Luchspfad und dem offiziellen Startpunkt.

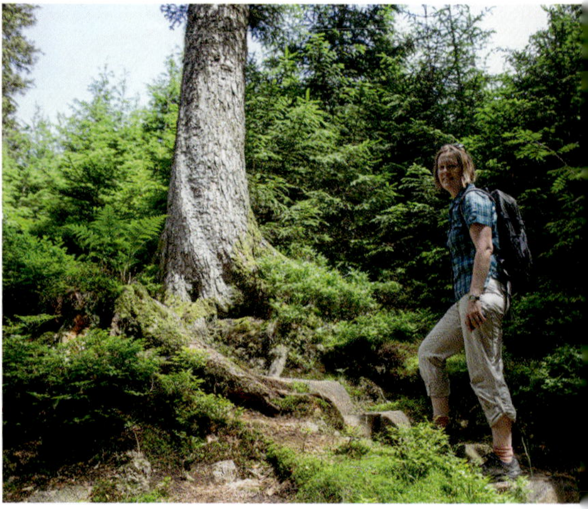

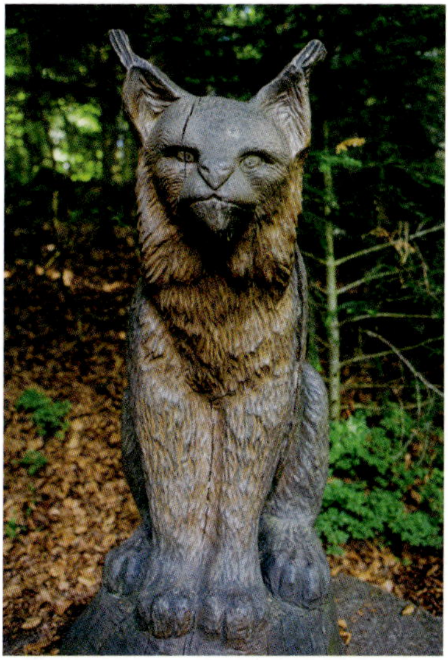

Oben: Maskottchen Pinselohr begleitet unsere Entdeckungen auf dem Luchspfad.

Linke Seite: Auf dem Luchspfad

Wir passieren das Gebäude an seiner Längsseite und halten uns bei der Gabelung links. Zusammen mit Pinselohr, dem am Wegrand zu sehenden Maskottchen des Pfads, können wir uns auf eine abwechslungsreiche Landschaft freuen, die vor allem für Familien mit Kindern ein Erlebnis ist. Wer nach unten auf den Weg sieht, entdeckt vielleicht mehrere Pfotenabdrücke auf dem Stein. Außerdem erhalten wir hier einige Verhaltensweisen für eine sichere Wanderung durch den seit dem Orkan Lothar weitgehend sich selbst überlassenen Wald. Tatsächlich müssen wir bald einige Hindernisse – umgestürzte Tannen und Fichten – überwinden und finden wir beiderseits des Wegs reichlich Totholz. Dass wir einen Luchs antreffen, ist hingegen unwahrscheinlich. So erfahren wir auf der zweiten Tafel des Pfads, dass sich Luchse »in aller Seelenruhe aus dem Staub machen«, sobald sie uns hören oder sehen.

Nachdem wir die Zufahrt zum Unteren Plättig gekreuzt haben, können wir bei einer wippenden Bretterkonstruktion unser Geschick testen, ehe es bei Station 4 darum geht, nach Beute Ausschau zu halten. Hier schwenkt der Pfad nach Westen, führt uns über einen Bach und quert die Zufahrt zum Else-Stolz-Heim. Auf dem nächsten Abschnitt kommen wir durch eine schroffe, aber durch eine Treppe gut gesicherte Felsengruppe. Solche Plätze sind auch bei Luchsen beliebt, da sie sich mit ihrem Fell vom

Wildnispfad

Der Zugang zum Wildnispfad erfolgt an dem Parkplatz Plättig und führt durch eine ebenfalls durch Lothar entstandene Windwurffläche. Auf dem 3,5 km langen Pfad geht es mal über dicke Stämme, mal darunter hinweg, womit auch hier festes Schuhwerk erforderlich ist.

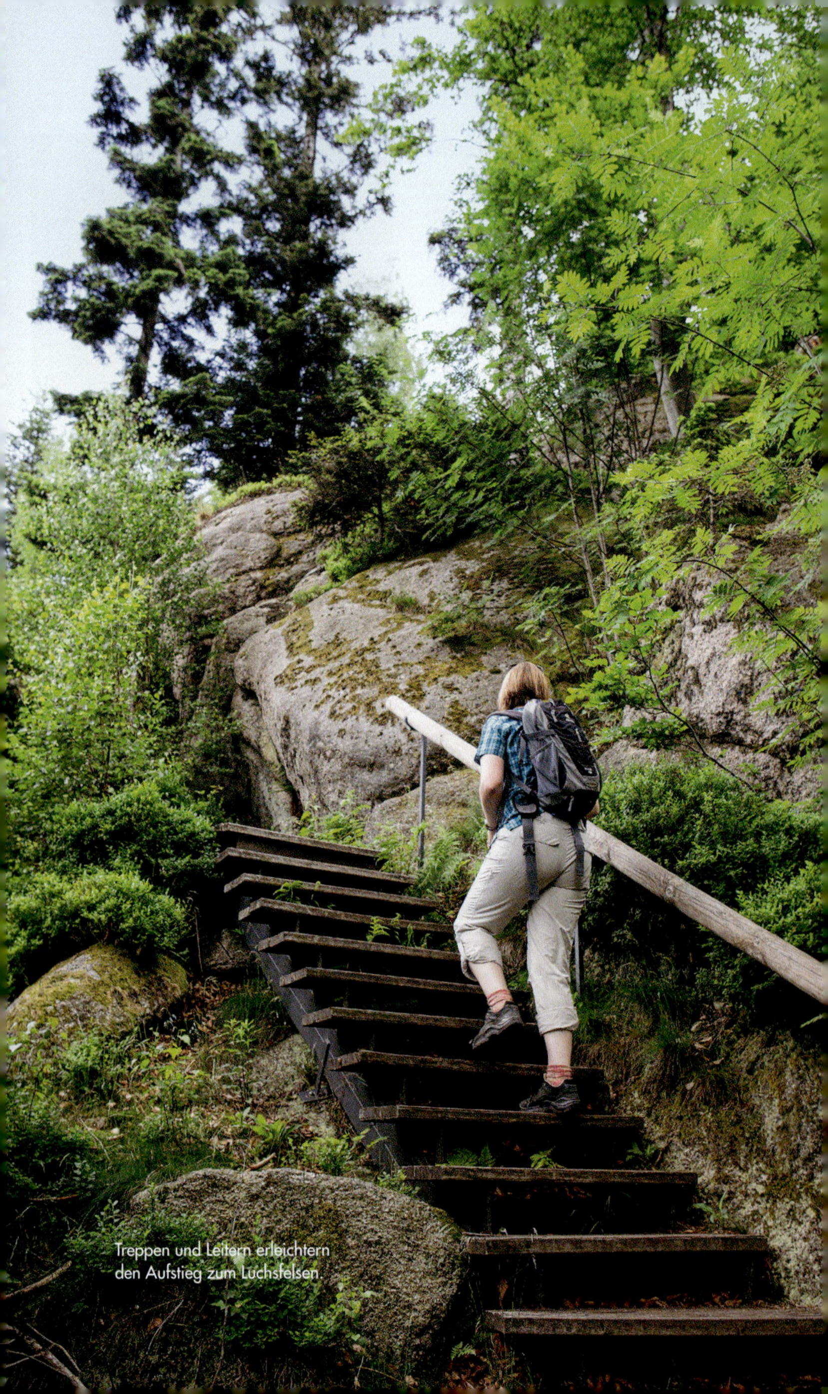

Treppen und Leitern erleichtern den Aufstieg zum Luchsfelsen.

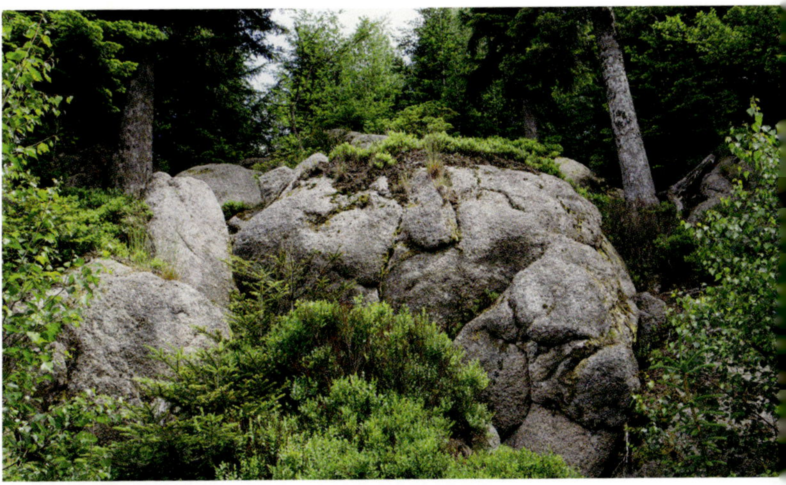

Am schroffen Luchsfelsen

Fels kaum abheben, während sie selbst alles im Blick haben. Oberhalb der Felsen passieren wir einen für Luchse typischen Unterschlupf, können uns im Balancieren und Springen üben und erreichen schließlich den großzügig angelegten Rastplatz am Luchspfad. Knapp 300 Meter weiter biegen wir rechts auf den Forstweg ab, passieren die Station Spurensuche, um etwas weiter links auf einen schmaleren Pfad zu wechseln. Der Rückweg führt uns an der Station mit Geräuschen der Tiere des Waldes und weiteren Infotafeln vorbei sowie über zwei breitere Wege hinweg zur Märchenwiese. Dort können wir noch etwas verweilen und den Blick über die vom Wald umschlossene Wiese schweifen lassen, ehe wir die letzten Meter bis zur Infohütte nehmen. Der weitere Rückweg erfolgt auf dem bereits bekannten Zugang.

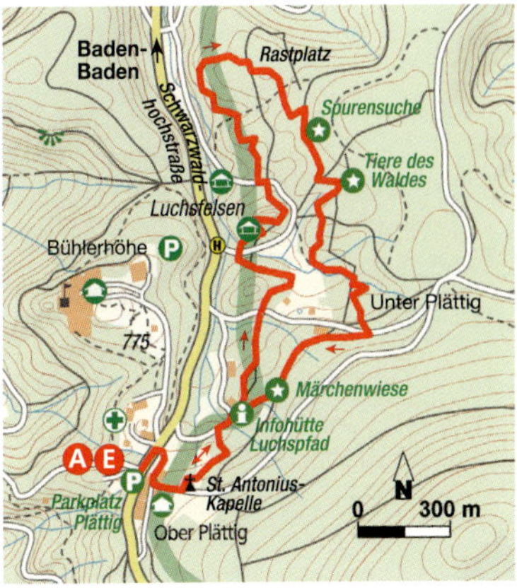

7 Erlebnispfad ab Schwarzenberg

Flößer, Köhler und Waldgeister

Mittel | 6,1 km | 240 Hm | 2–2.30 Std.

Tourencharakter: Bestens angelegte, bequem zu wandernde Wege und teils auch Waldpfade, die nur geringe Anforderungen stellen

Ausgangspunkt/Endpunkt: Parkplatz an der B 462 (480 m)

Höchster Punkt: Schwarzenberghütte (610 m)

Anfahrt: Auto: Der Parkplatz befindet sich an der B 462 Rastatt–Baiersbronn bei Schwarzenberg.
GPS: 48.5980, 8.3828; Bus & Bahn: Ab Karlsruhe oder Freudenstadt mit der S-Bahn bis zum Haltepunkt in Schwarzenberg

Einkehr: Auf der Strecke keine; in Schwarzenberg

Beste Jahreszeit: April bis Oktober

Karte: Karte des Schwarzwaldvereins 1:25 000, W235 Freudenstadt

Informationen: www.baiersbronn.de

Auf dem Erlebnispfad von Huzenbach nach Schwarzenberg begeben wir uns auf die Spuren des Holztransports und der Köhlerei. An manch einer Stelle haben Holzkohlestückchen die Zeit überdauert. Für anderes braucht es eine gute Portion Vorstellungskraft.

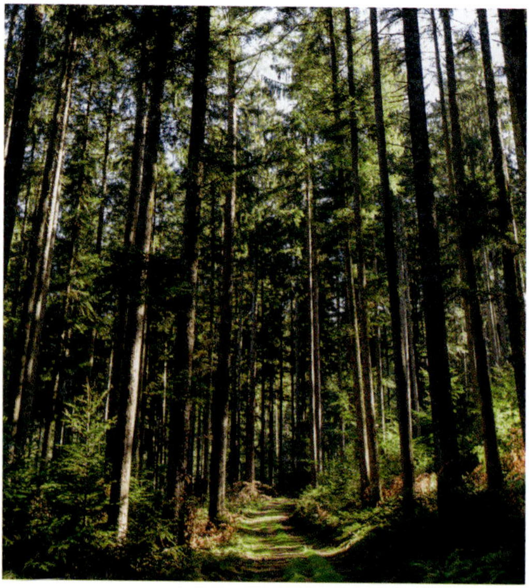

Vom Parkplatz an der Murgtalstraße oder dem S-Bahn-Halt geht es zunächst über die Murgbrücke bzw. entlang der Bahntrasse zum Wegweiser Schwarzenberg in der Kirchstraße. Ab dort laufen wir die Runde entgegen dem Uhrzeiger. Auf dem ersten Abschnitt folgen wir kurz der Murgleiter bis »Haselbach«, wechseln dann aber auf den mit einer gelben Raute markierten Nebenwanderweg. Im Bereich des Bahntunnels führt uns dieser auf die andere Seite der Trasse, beschreibt dann aber eine Linkskurve, sodass wir die Murgtalbahn nach wenigen Minuten erneut kreuzen.

Huzenbacher Machine

Die Machine erlaubte es, Baumstämme vom Murgtal ins Enz- und Nagoldtal zu befördern. Von Bedeutung war dies im 18. Jahrhundert, als Streitigkeiten und Konkurrenz zwischen Baden und Württemberg einen direkten Holztransport über die Murg erschwerten.

Sowie wir die Reinhardsbrücke passiert haben, erreichen wir das untere Ende der ehemaligen Huzenbacher Machine. Weiter flussaufwärts spazieren wir beim Wegweiser Grammelwiese geradeaus durch den Wald nach Hardt. Dort kommen wir nochmals an den Waldrand und biegen beim Wegdreieck links ab. Der Erlebnispfad folgt bis zum Wegweiser Mäderbuckel der blauen Raute, dann geht es wieder der gelben Raute nach an der Schwarzenberghütte (links) vorbei zum aussichtsreich platzierten Mäder-Unterstand.

Linke Seite: Waldweg zwischen dem Mäder-Unterstand und dem Köhlerplatz

Nach dem schönen Abstecher an den Waldrand kehren wir zum letzten Wegweiser zurück und folgen dem Erlebnispfad sowie auch der Murgleiter am Köhlerplatz vorbei zum Wegweiser Roter Rain. Dort halten wir uns links auf dem Pfad, der – Achtung! – leicht zu übersehen ist, und wandern zunächst noch kurz durch den Wald. Dann geht's beim nächsten Hof rechts über den Wegweiser Im Wiesengrund wieder hinunter nach Schwarzenberg und am Sägmühl-Weiher vorbei zurück zum Ausgangspunkt.

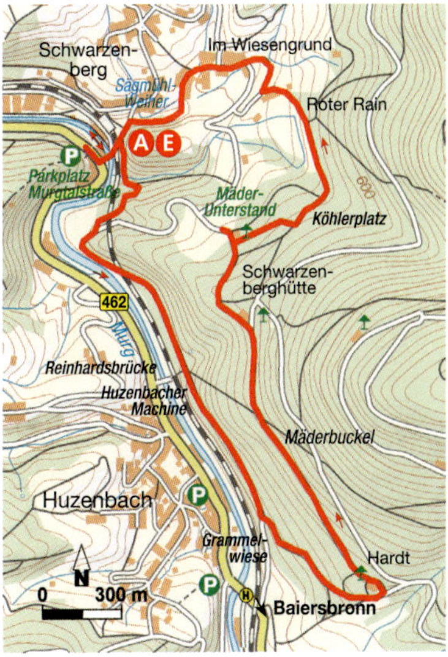

8 Klosterreichenbach

Von Mönchen und Lehensbauern

Mittel | 9,4 km | 280 Hm | 3–3.30 Std.

Tourencharakter: Vielseitige Runde auf überwiegend bequem zu laufenden teils asphaltierten Wegen, auf Forstwegen und abschnittsweise auf Pfaden

Ausgangspunkt/Endpunkt: Parkplatz Schwimmbad (515 m)

Höchster Punkt: Am Berg (610 m)

Anfahrt: Auto: Von der B 462 Baiersbronn–Rastatt in Klosterreichenbach zum Parkplatz im Schwimmbadweg abbiegen. GPS: 48.5260, 8.4018; Bus & Bahn: Ab Karlsruhe oder Freudenstadt mit der S-Bahn zum Haltepunkt in Klosterreichenbach

Einkehr: Seidtenhof; in Klosterreichenbach

Beste Jahreszeit: April bis Oktober

Karte: Karte des Schwarzwaldvereins 1:25 000, W235 Freudenstadt

Informationen: www.baiersbronn.de

Auf unserem zweiten Erlebnispfad im Murgtal tauchen wir in die Geschichte der Mönche und Lehensbauern von Klosterreichenbach ein. Zudem erfahren wir bei unserer Runde auf dem Weg nach Heselbach mehr über die historische Wasserversorgung und das Salbebrennen.

Offiziell startet der Erlebnispfad bei der Klosterkirche, wo mehrere Tafeln über die Tour und den Ort informieren. Wer mit dem Pkw anreist, kann aber genauso gleich dem Schwimmbadweg zum Kurgarten folgen, sich dort rechts halten und auf dem Fußweg zum Dornstetter Weg (links) hinaufgehen. Beim gleichnamigen Wegweiser zweigen wir erneut links ab und wandern mit der gelben Raute über den Reichenbach zur Klosterquelle. Abermals links führt uns der Erlebnispfad über reizvolle Wiesen zurück an den Ortsrand und jenseits der Landstraße zum Beckenberg.
Nachdem wir einen Pavillon passiert haben, halten wir uns bei der Gabelung rechts, nehmen die Verbindung hoch zum Forstweg (links) und erreichen den Wegweiser Am Berg. Ab dem Wegekreuz folgen wir der gelben Raute über den Parkplatz Grundwald nach Heselbach. Dort leitet uns der Themenweg zunächst am Heselbacher Hof vorbei zu weiteren Stationen, ehe es über die Dorfstraße hinunter zum Haltepunkt Heselbach geht. Auf der Talsohle angelangt, überqueren wir erst die Bahnlinie, dann die Murg und kommen schließlich zu einer großzügig angelegten Wassertretstelle.
Ab dort wandern wir wieder bergauf ins Ailbachtal, wo der Weg am Ailbachhof vorbei zu einem Wildge-

hege führt. Dort biegen wir scharf links ab, wechseln auf die blaue Raute und gelangen am Parkplatz Ailwald vorbei zum Überrainwegle. Abermals links folgen wir der blauen Raute an der Oberrain-Hütte vorbei zum Bruckenberg und weiter geradeaus zum Seidtenhof. Kurz nach dem Ausflugslokal nehmen wir den Wiesenpfad hinunter an den Tonbach nahe seiner Mündung. Für den weiteren Rückweg können wir einfach der Murg talwärts folgen, ehe wir in Klosterreichenbach die Brücke über die Murg nutzen und über die Bahnhofsstraße zurück zum Kloster und zum Parkplatz am Schwimmbadweg finden.

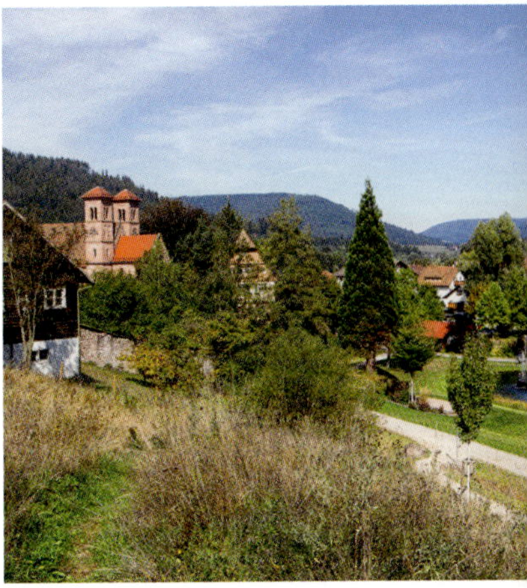

Blick vom Dornstetter Weg über den Kurpark zur Klosterkirche von Reichenbach

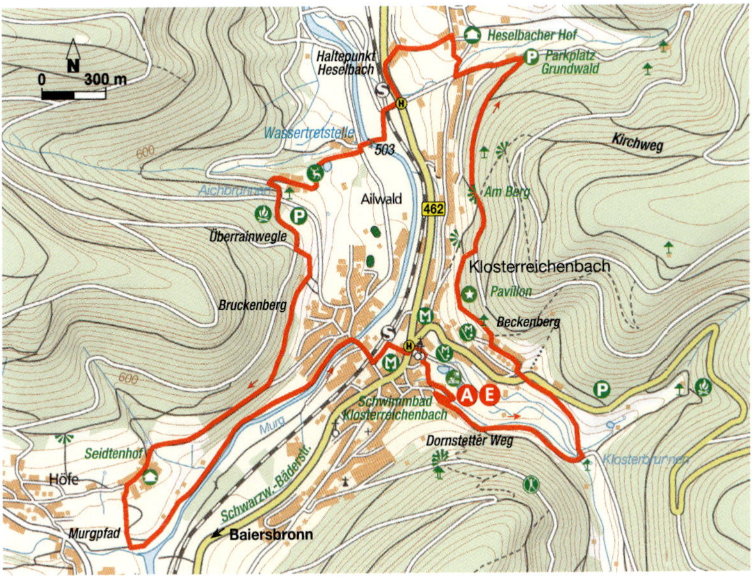

9 Zur Großvatertanne

Historische Spuren oberhalb Freudenstadts

Leicht | 7 km | 130 Hm | 2–2.30 Std.

Tourencharakter: Leichte und abwechslungsreiche Runde auf meist bequemen Wegen mit vielen Eindrücken und Besonderheiten entlang der Strecke

Ausgangspunkt/Endpunkt: Bässler Brücke (740 m)

Höchster Punkt: Nahe Äußere Rivera (830 m)

Anfahrt: Auto: Der Parkplatz an der Bässler Brücke befindet sich direkt an der B 28 von Freudenstadt Richtung Kiebis. GPS: 48.4568, 8.4074; Bus & Bahn: Am Startpunkt befindet sich die Bushaltestelle Freudenstadt Straßburger Straße. Alternativer Start ist beim Stadtbahnhof Freudenstadt mit Zugang ab dem Marktplatz über den Mittelweg.

Einkehr: Waldcafé Teuchelwald, täglich von 11 bis 19 Uhr, Mo Ruhetag, www.waldcafe-teuchelwald.de; in Freudenstadt

Beste Jahreszeit: April bis Oktober

Karte: Karte des Schwarzwaldvereins 1:25 000, W235 Freudenstadt

Informationen: www.ferien-in-freudenstadt.de

Mit 47 Metern ist die Großvatertanne die höchste Tanne im Schwarzwald. Auf dem Weg dorthin gibt es jedoch noch einiges mehr zu entdecken. Freuen wir uns auf eine abwechslungsreiche Wanderung voller Erlebnisse!

Der erste Abschnitt führt von der Bässler Brücke über den Mittelweg zur Agnesruhe. Die gleichmäßige Steigung hat historische Gründe. In früheren Jahrhunderten verlief hier ein Teuchel, also eine hölzerne Wasserleitung. Wir wandern der Kennzeichnung des

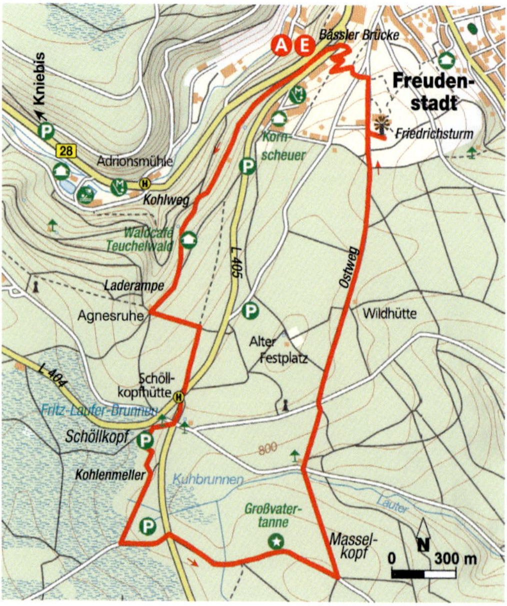

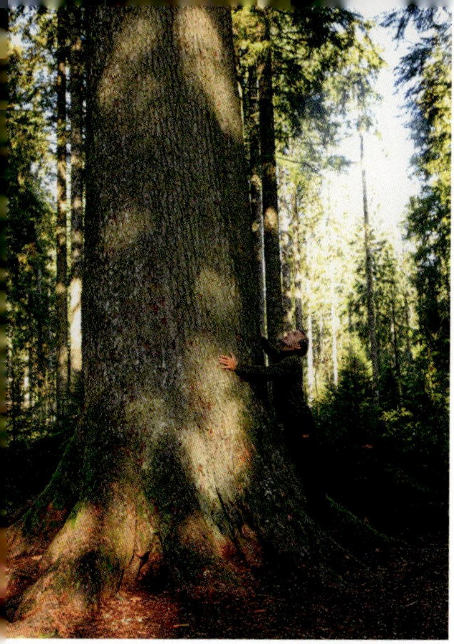

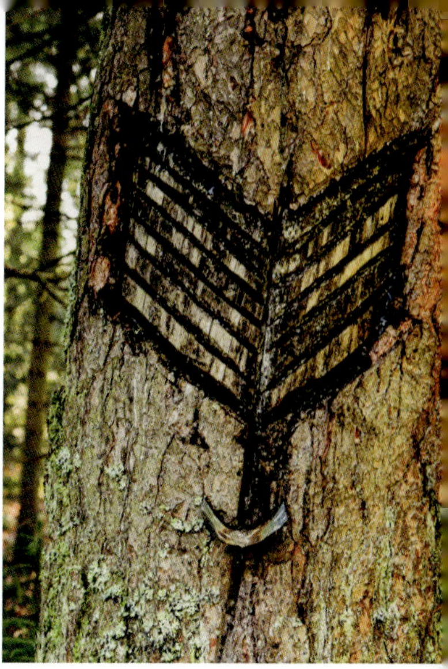

Links: Bei der Großvatertanne

Rechts: Zur Harzgewinnung wurden Nadelbäume früher auf diese Weise angeritzt.

Mittelwegs nach über »Hartranftweg« zum Kohlweg und ab dort ansteigend zum Waldcafé Teuchelwald. Nach 20 Minuten bietet uns das idyllisch im Wald gelegene Café die erste Möglichkeit, die Wanderung mit einer gemütlichen Einkehr zu verbinden. Weiter geht es auf dem Kohlweg an einer historischen Laderampe vorbei zur Agnesruhe.

Bei der 1899 gestifteten Schutzhütte verlassen wir den Mittelweg und folgen der gelben Raute über den Agnesruheweg zum Lauferbrunnen. Wo wir auf die Landstraße treffen, nutzen wir rechts den Gehweg zur Bushaltestelle, überqueren die Straße und erreichen den Wanderparkplatz mit dem Fritz-Laufer-Brunnen. Vom Parkplatz nehmen wir das kurze Stück zum Wegweiser Schöllkopf, biegen dort links auf den Waldpfad ab und folgen der gelben Raute sowie auch dem Genießerpfad Tannenriesen immer in Richtung Großvatertanne. Der Pfad wird auf

Herzog-Friedrich-Turm

Der Aussichtsturm wurde zu Ehren des Stadtgründers Herzog Friedrich I. durch den Schwarzwaldverein geplant und 1899 zur 300-Jahr-Feier von Freudenstadt eingeweiht. Von der Aussichtsplattform eröffnet uns der Turm einen herrlichen Blick über Freudenstadt.

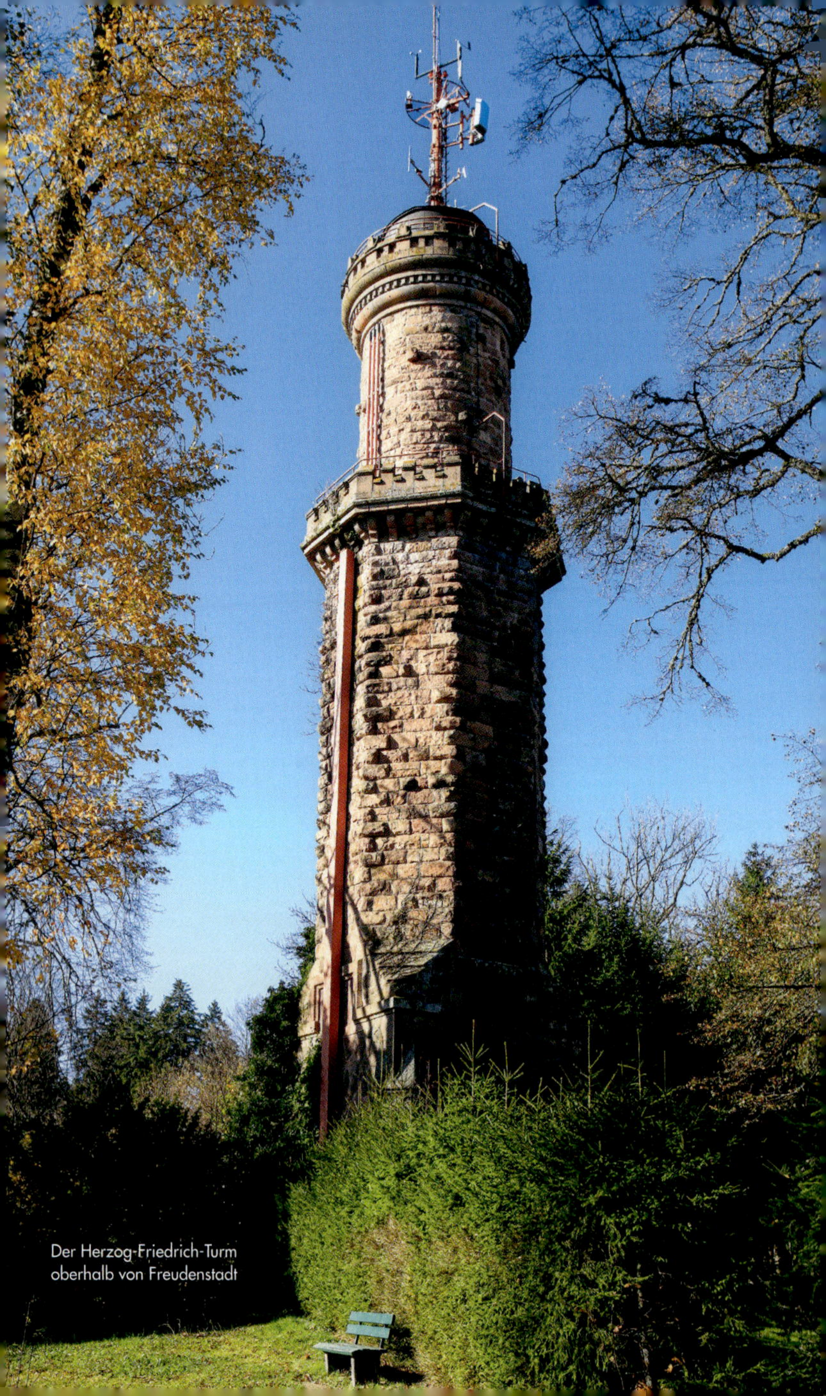

Der Herzog-Friedrich-Turm
oberhalb von Freudenstadt

diesem Abschnitt so geführt, dass wir an einem Kohlenmeiler vorbei zu einem Nadelbaum mit auffallend eingeritzter Rinde gelangen. Vor Ort informiert ein Schild über das Handwerk des Harzers.

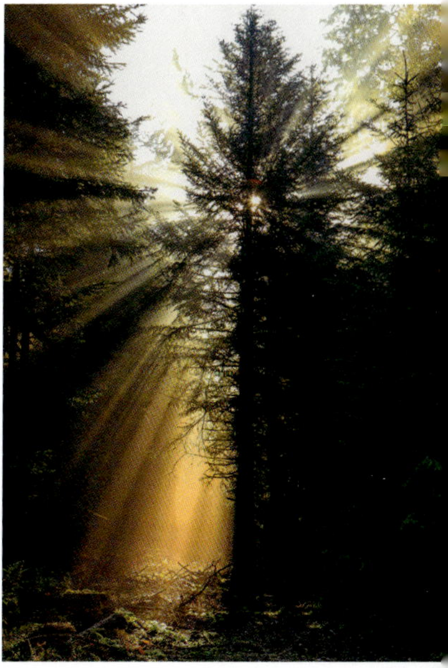

Im Herbst verleiht die Morgensonne den Wäldern oberhalb Freudenstadts eine mystische Stimmung.

Sowie wir eine zweite Landstraße überquert haben, geht es über einen Forstweg zur etwas abseits vom Weg stehenden Großvatertanne. Die herausragende Stellung des 47 Meter hohen Tannenriesen erklärt sich aus der historischen Nutzung dieses Gebiets. Wie die im Südschwarzwald häufigen Weidbuchen wuchs die Großvatertanne lange Zeit freistehend auf einer Viehweide des Schöllkopfhofs heran. Mit über fünf Metern Stammumfang auf Brusthöhe und 46,5 Festmetern Holzmasse ist sie heute die mächtigste Tanne im Schwarzwald. Gleich danach treffen wir beim Wegweiser Masselkopf auf den Ostweg. Dort biegen wir links ab und folgen der schwarz-roten Raute über die Wegweiser Lauterhütte, Äußere Rivera und Wildhütte auf die Friedrichshöhe mit dem Herzog-Friedrich-Turm. Nur wenige Meter weiter bietet uns das Gasthaus Friedrichs am Kienberg eine zweite schöne Möglichkeit zur Einkehr. Anschließend haben wir die Wahl: Wer direkt zurück zum Ausgangspunkt an der Bässler Brücke will, biegt beim Wegweiser Gartengolf links ab und folgt der gelben Raute durch den Park. Wer am Bahnhof gestartet ist oder den Ausflug mit einem Stadtrundgang verbinden möchte, bleibt auf dem Ostweg, bis dieser auf dem Marktplatz von Freudenstadt mit dem Mittelweg zusammentrifft.

10 Rund um den Seekopf

Darmstädter Hütte und Wildsee-Blick

Leicht | 5,5 km | 160 Hm | 2 Std.

Tourencharakter: Der Rundweg verläuft auf barrierefreien Wegen ohne besondere Anforderungen. Bei Nutzung des Lifts lässt sich auch der Abstieg entschärfen.

Ausgangspunkt/Endpunkt: Naturschutzzentrum Ruhestein (917 m)

Höchster Punkt: Bereich Seekopf (ca. 1040 m)

Anfahrt: Auto: Zufahrten zum Ruhestein bestehen über die B 500 Baden-Baden–Freudenstadt (B 28), von Baiersbronn über die L 401 und von Achern über die L 87. GPS: 48.5613, 8.2232; Bus & Bahn: Es gibt Bahn- und Busverbindungen ab Baiersbronn, Achern und Baden-Baden zur Haltestelle Ruhestein.

Einkehr: Darmstädter Hütte, Gastronomie beim Ruhestein

Beste Jahreszeit: Mai bis Oktober

Karte: Karte des Schwarzwaldvereins 1:25 000, W234 Achern

Informationen: www.baiersbronn.de

Die Tour ab dem Ruhestein zählt zu den schönsten leichten Wanderungen im Nationalpark Schwarzwald. Nach der sachten Steigung zur Darmstädter Hütte besuchen wir eine besondere Ruhestätte oberhalb des Wildsees.

Der Einstieg zu dieser Runde befindet sich beim alten Gebäude des Naturschutzzentrums Ruhestein. Sowie wir das Grenzstüble und die Ruhestein-Schänke passiert haben, biegen wir direkt vor dem Ruhestein-Lift links ab. Auf diesem ersten Abschnitt folgen wir der gelben Raute über gemächlich ansteigende Wege und vorbei an einem weiteren Skilift bis zur Darmstädter Hütte. Bei dem Ausflugslokal liegen die meisten Höhenmeter bereits hinter uns, womit die Sonnenterrasse wie gerufen für eine erste Pause kommt.
Weiter geht es rechts der Hütte bis zum Wegweiser Bannwald. Dort biegen wir rechts ab, sodass wir über

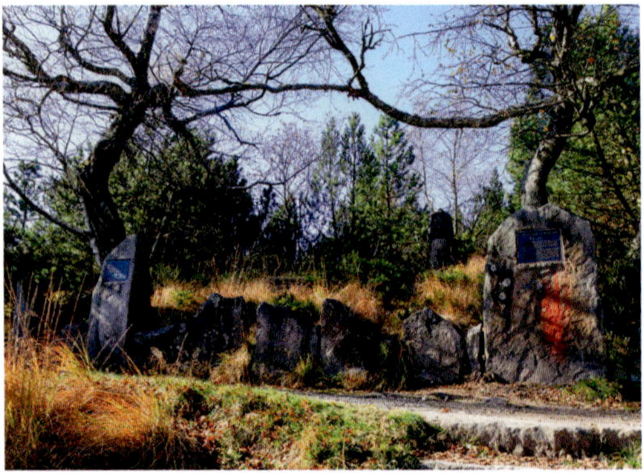

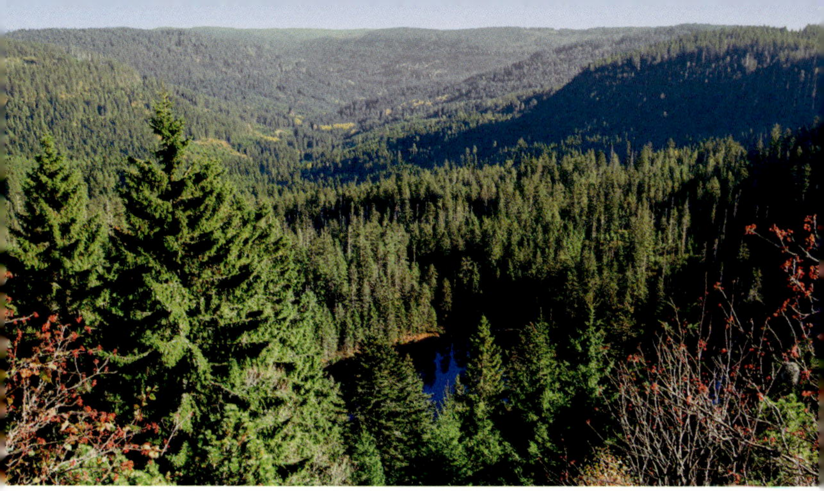

den Wegweiser Wildseewegle zum Wildsee-Blick gelangen. Es lohnt sich, etwas zu verweilen und die malerische Kulisse mit dem bewaldeten Gletscherkessel und dem sagenumwobenen Karsee zu genießen. Gleich danach erreichen wir das Euting-Grab. Die Ruhestätte wurde zu Ehren von Dr. Julius Euting eingerichtet, der sich als Vorsitzender des Verbands Deutscher Gebirgs- und Wandervereine insbesondere um die touristische Erschließung des Höhenzugs Zuflucht-Ruhestein-Hornisgrinde verdient machte.

Für den Rückweg folgen wir dem Westweg über die Ostseite des Seekopfs zum Wegweiser Seekopf. Weiter geradeaus durchqueren wir eine der typischen Grindenflächen. Am gegenüberliegenden Waldrand halten wir uns rechts, ehe wir dem Weg in einer weiten Linkskurve zum oberen Ende des Sessellifts am Ruhestein folgen. Ab dort geht es über mehrere Kehren wieder hinunter zum Naturschutzzentrum Ruhestein.

Oben: Blick auf den von dichten Wäldern umgebenen Wildsee

Linke Seite: Gedenkstätte mit dem Euting-Grab oberhalb des Wildsees

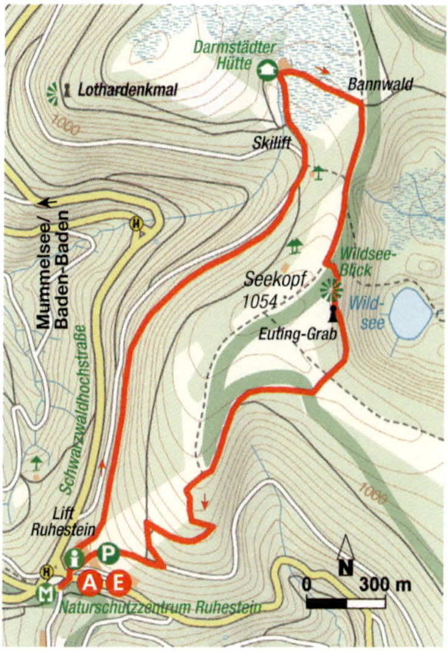

11 Lotharpfad und Panoramaweg

Spuren und Aussichten eines Orkans

Leicht | 4,2 km | 75 Hm | 2 Std.

Tourencharakter: Der Lotharpfad ist mit Brücken und Stegen bestens angelegt, danach ist es ein bequemer Spaziergang über breite Forstwege.

Ausgangspunkt/Endpunkt: Parkplatz Lotharpfad (927 m)

Höchster Punkt: Aussichtsplattform (ca. 940 m)

Anfahrt: Auto: Der Ausgangspunkt befindet sich direkt an der Schwarzwaldhochstraße (B 500) zwischen Schliffkopf und Kniebis.
GPS: 48.5067, 8.2231; Bus & Bahn: Es bestehen Busverbindungen ab Freudenstadt und Mummelsee zur Bushaltestelle Lotharpfad.

Einkehr: Auf der Strecke keine; großzügig angelegter Rastplatz beim Lotharpfad

Beste Jahreszeit: Mai bis Oktober

Karte: Karte des Schwarzwaldvereins 1:25 000, W234 Achern

Informationen: www.baiersbronn.de

Als der Orkan Lothar am zweiten Weihnachtstag 1999 über Baden-Württemberg hinwegzog, fielen 30 Millionen Festmeter Holz zu Boden. An der Schwarzwaldhochstraße darf sich seitdem eine zehn Hektar große Sturmwurffläche frei entwickeln.

Seit 2003 kann man auf dem Lotharpfad beobachten, wie eine Sturmfläche wieder von Pflanzen besiedelt wird und wie ein neuer Wald entsteht. Nachdem zunächst herumliegende Baumstämme und dazwischen aufkommende Hochstauden die Fläche prägten, wechseln sich heute mit Zwergsträuchern bestandene Feuchtwiesen, Farnflure und Laub- und Nadelbaumbestände ab. Letztere werden sich mit der Zeit durchsetzen und die Seggen, Binsen und Farne an die Ränder oder an einige wenige meist nasse Stellen zurückdrängen.

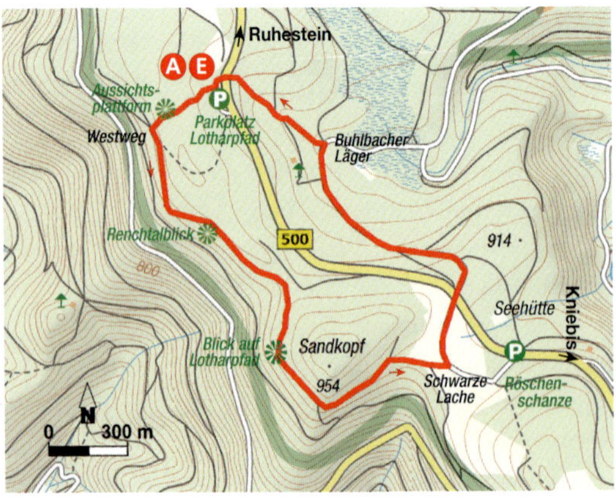

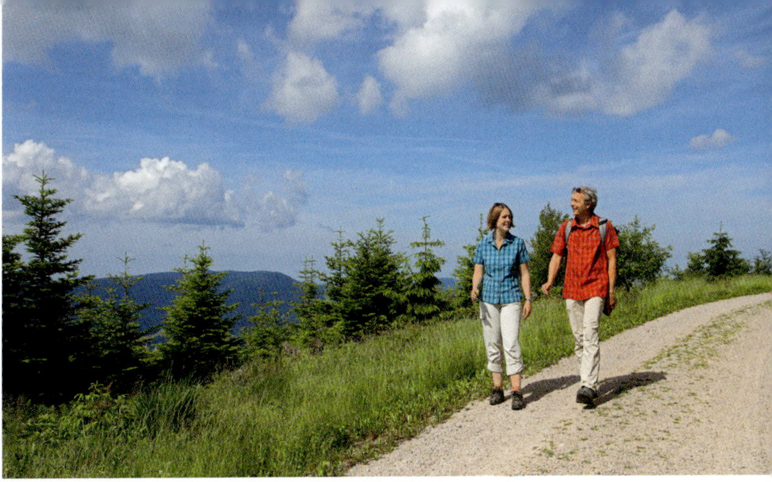

Die Autoren dieses Buchs auf dem Panoramaweg

Vom Parkplatz geht es die ersten Schritte über eine von Bäumen noch weitgehend freie Fläche. Der Lotharpfad leitet uns über Stege, Leitern und Treppen in den hier von Pioniergehölzen gebildeten lichten Wald. Es gibt unterschiedliche Wegführungen, die aber alle weg von der Bundesstraße bzw. hin zur Aussichtsplattform leiten. Wer die Wanderung rechtzeitig angeht, kann über einige Fichten hinweg den Bergzug zwischen dem Lierbachtal und der Rench sehen. Ab der Plattform folgen wir der Beschilderung des Panoramawegs sowie des Seensteigs durch das Gehölz, bis wir auf den Westweg treffen.

Mit nun herrlicher Sicht biegen wir links auf den bequem zu wandernden Schotterweg ab und passieren erst den Renchtalblick, dann den »Blick auf den Lotharpfad«. Weiter geht es südlich um den Sandkopf herum bis zur Schwarzen Lache. Dort trennen sich die Wege: Während es auf dem Westweg geradeaus nach Zuflucht ginge, biegen wir links ab und folgen der gelben Raute über »Buhlbacher Läger« zurück zum Wanderparkplatz beim Lotharpfad.

Spechtpfad

Der Spechtpfad teilt sich mit dem Lotharpfad den Parkplatz und führt durch ein Waldstück mit hohem Totholzanteil – der bevorzugte Lebensraum einiger Spechtarten. Der neue Erlebnispfad wird in mehreren Bauabschnitten realisiert, wobei der erste Abschnitt bei Drucklegung dieses Buchs bereits begehbar war.

12 Schnapsbrunnen Alde Gott

Genuss rund um Sasbachwalden

Mittel	7,5 km	310 Hm	3 Std.

Tourencharakter: Die Gaishölle ist mit Treppen und Brücken gut gesichert, danach geht es auf meist breiten Wegen durch die Weinberge von Sasbachwalden.

Ausgangspunkt/Endpunkt: Kurhaus Sasbachwalden (250 m)

Höchster Punkt: Gaishölle Mitte (ca. 435 m)

Anfahrt: Auto: Von der A5 bei Ausfahrt 53 nach Achern abfahren, weiter auf der L87 und L86 bis Sasbachwalden, dort der Talstraße zum Kurhaus folgen.
GPS: 48.6162, 8.1300; Bus & Bahn: Es bestehen Busverbindungen ab Achern zur Haltestelle Sasbachwalden Sparkasse nahe dem Kurhaus.

Einkehr: Einige Schnapsbrunnen; in Sasbachwalden

Beste Jahreszeit: Ganzjahrestour

Karte: Karte des Schwarzwaldvereins 1:25 000, W234 Achern

Informationen: www.sasbachwalden.de

Auf dem Schnapsbrunnenweg 1 von Sasbachwalden lernen wir das Blumen- und Weindorf von seinen schönsten Seiten kennen. Neben dem landschaftlichen Genuss führt uns die Runde an einigen Brunnen mit edlen Bränden, aber auch gekühlten Getränken vorbei.

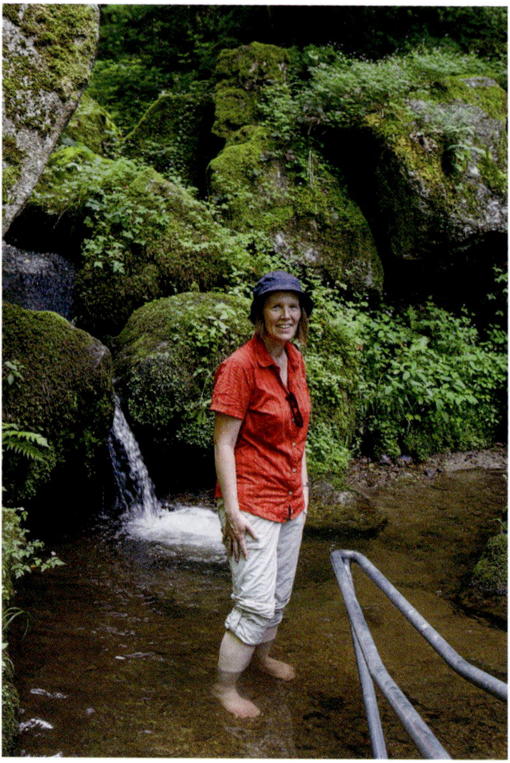

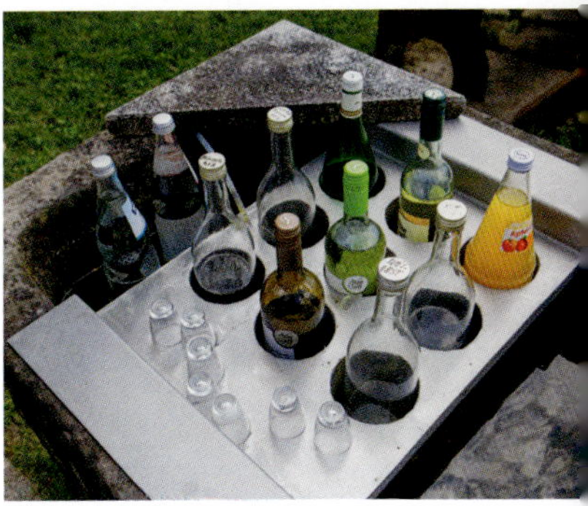

Oben: Fischers Schnapsbrunnen

Linke Seite: Eiskalte Erfrischung in der Gaishölle

Der Schnapsbrunnenweg 1 ist mit einem bordeauxfarbenen Wegzeichen und dem Symbol einer Flasche beschildert. Es führt uns auf den ersten Metern zwischen dem Kurhaus Alde Gott und dem Schwimmbad hindurch an den Fuß des Weinbergs und links über »Hohacker« zu den Dr. Wagner-Kliniken. Dort biegen wir zweimal rechts ab und folgen der blauen Raute über »Hundeberg« zur Unteren Gaishölle. Es folgt der wildeste Teil der Wanderung: Vorbei an oft winzigen Kaskaden steigen wir die Schlucht hinauf. Unterwegs finden Mutige eine naturbelassene Wassertretstelle. Bei Gaishölle/Mitte wechseln wir links auf den mit einer gelben Raute markierten Weg.

Wieder bergab führt uns der Weg aus dem Wald heraus und an zwei Schnapsbrunnen – einer davon im Klappladen – vorbei nach Murberg, wo sich etwas abseits vom Wanderweg ein dritter Schnapsbrunnen befindet. Um die Entscheidung, wo man rasten soll, noch schwieriger zu machen: Weiter geradeaus geht es über den Wegweiser Grobekopf zur Fatima-Grotte an zwei weiteren Schnapsbrunnen vorbei. Zugleich lädt die herrliche Landschaft mit Sicht über die Weinberge in die Oberrheinebene zum Verweilen ein.

Beim Wegweiser Fatima-Grotte biegen wir schließlich links in ein kleines Waldstück ab und passieren ein Öchsle weiter die Gedenk- und Dankesstätte der Fatima-Grotte. Gleich danach zieht sich der Weg nach Nordwesten und

Weincaching

Beim Weincaching erhält jeder Teilnehmer ein Weinglas samt Glashalter zum Umhängen. Ausgestattet mit Infos und GPS-Gerät geht es zu markanten Punkten in der Gemeinde sowie zu Verstecken mit Weinen und Mineralwasser. Das Weincaching wird für Gruppen ab acht Personen angeboten. Weitere Infos gibt das Naturhotel Holzwurm (www.naturhotel-holzwurm.de).

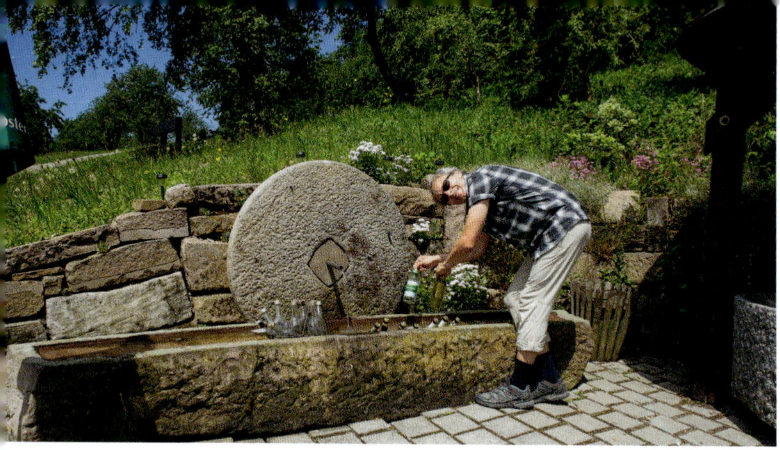

Neben edlen Bränden finden wir natürlich auch alkoholfreie Getränke in den Sasbachwaldener Schnapsbrunnen.

führt uns mit erneut schöner Sicht vor allem nach Norden zum ebenfalls mit Weinreben bestandenen Hornenberg. Es geht hinunter ans Presteneck, wo wir den nächsten Schnapsbrunnen finden. Wir biegen links ab und folgen der Beschilderung bis zur Waldstraße. Dort zweigen wir erst scharf rechts und dann 200 Meter weiter beim Ortseingang von Obersasbach scharf links ab.

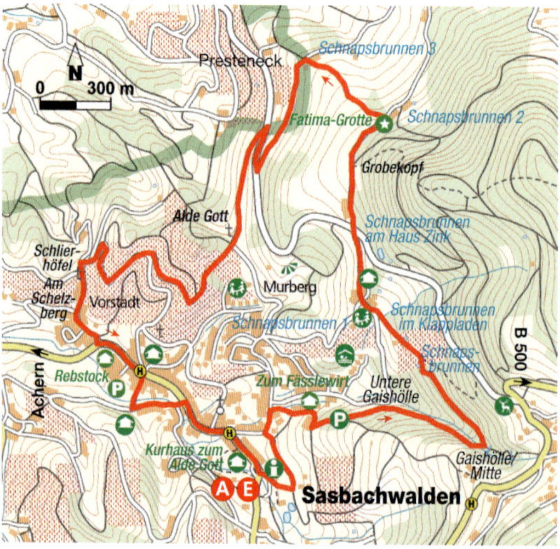

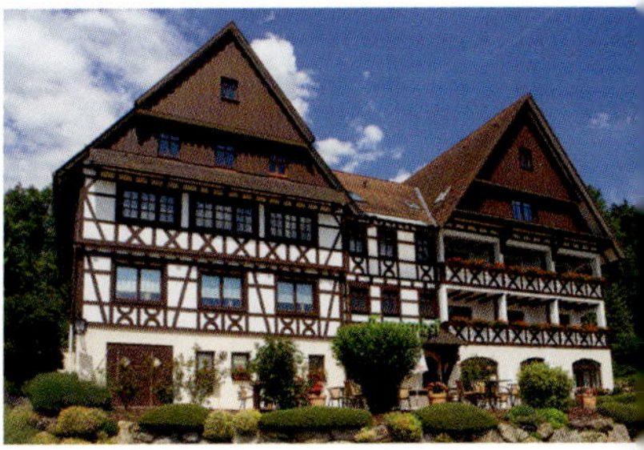

Wir befinden uns hier auf einem kurzen Abschnitt des Ortenauer Weinpfads, dem wir bis zum Alde Gott Bildstöckchen folgen. Auf dem Weg dorthin reicht bei guten Bedingungen die Sicht nach Westen bis zum Liebfrauenmünster zu Straßburg. Ungefähr geradeaus wechselt der Schnapsbrunnenweg auf die Alde Gott Panoramarunde und führt uns auf gewundenen Wegen durch den Weinberg bis Schlierhöfel, wo wir links zum Wegweiser Am Schelzberg abzweigen und durch eine kleine Siedlung hinunter zur Talstraße spazieren. Erneut links passieren wir die Gebäude der Alde Gott Winzer und nehmen rechts den Engelweg zum Sasbach. Jenseits des Bachs finden wir links zurück zur Talstraße, die uns nach rechts zum Kurhaus leitet. Oder wir verbinden hier die Runde mit einem gemütlichen Abschlusshock.

Oben: Hotel Tannenhof

Unten: Aussicht vom Gummeneck über die Weinberge auf Sasbachwalden

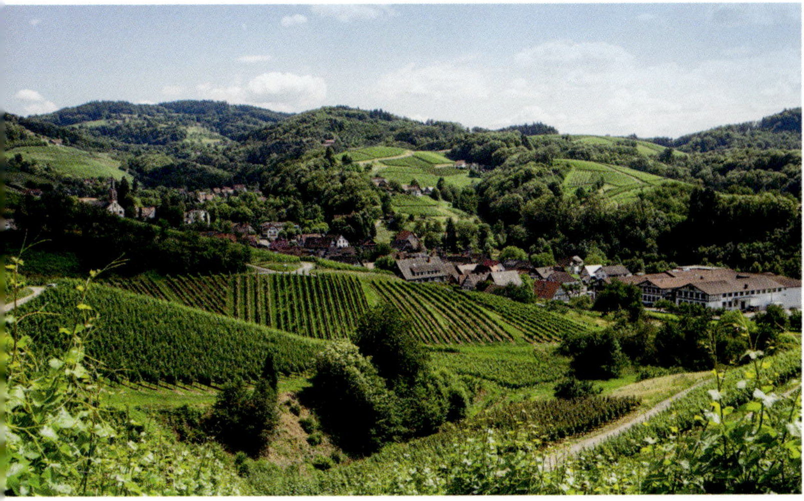

13 Kappelrodeck

Auf dem Schnapsbrunnenpfad

Leicht | 7,4 km | 300 Hm | 2.30 Std.

Tourencharakter: Der erste Anstieg erfordert etwas Kondition am Berg, danach ist es eine leichte Wanderung auf sonnigen, aussichtsreichen Wegen durch die Weinberge.

Ausgangspunkt/Endpunkt: Marktplatz Kappelrodeck (220 m)

Höchster Punkt: Zwischen Simmehof und Iberg (403 m)

Anfahrt: Auto: Von der A5 bei Ausfahrt 53 nach Achern abfahren, weiter auf der L87 bis Kappelrodeck, bei der Ortseinfahrt von der Landstraße abfahren und der Hauptstraße zum Parkplatz folgen. GPS: 48.5901, 8.1186; Bus & Bahn: Ab Offenburg mit der Achertalbahn zur Haltestelle in Kappelrodeck. Der Zugang erfolgt über die Eisenbahnstraße und (links) Hauptstraße.

Einkehr: Café-Restaurant Zuckerbergschloss

Beste Jahreszeit: Ganzjahrestour

Karte: Karte des Schwarzwaldvereins 1:25 000, W234 Achern

Informationen: www.kappelrodeck-tourismus.de

Kappelrodeck versteht sich als Rotweindorf, blickt aber auch auf eine jahrhundertelange Tradition im Obstbau zurück. Ein Großteil des geernteten Obsts wird von den über 400 Kleinbrennern im Ort sowie in Waldulm vergoren und zu edlen Tropfen destilliert.

Vom Marktplatz erfolgen die ersten Meter auf der Schlossbergstraße, ehe wir in den Grünen Winkel abbiegen. Vor der evangelischen Kirche halten wir uns rechts und kommen zum Café Zuckerbergschloss. Dort biegen wir rechts ab, nehmen die Steigung hoch zur Waldstraße (links) und erreichen bald das Ganseck, wo wir beim Schnapsbrunnen auf die erste bewältigte Steigung des Tages anstoßen können.
Anschließend zweigen wir links von der Straße ab und folgen der Beschilderung durch die Reben zu

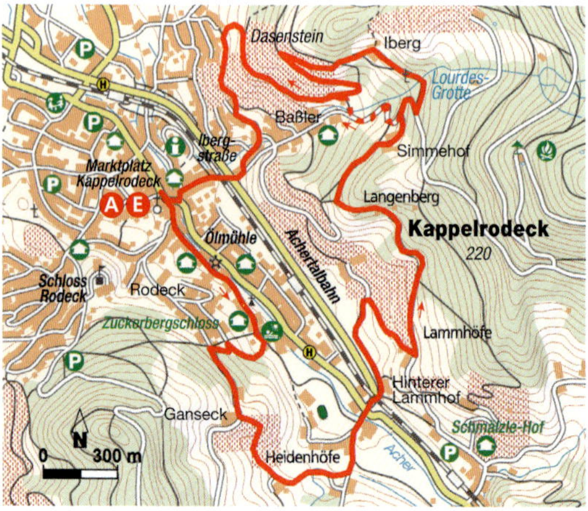

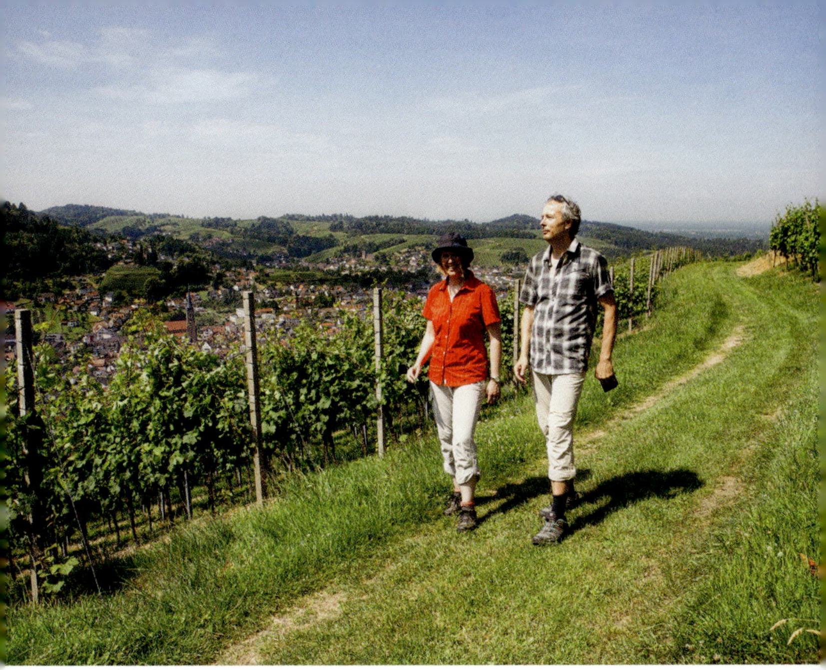

den Heidenhöfen und dem zweiten Schnapsbrunnen. Neben einer Auswahl edler Brände werden dort natürlich auch alkoholfreie Getränke feilgehalten. Wir folgen der Zufahrt des Hofs bis hinunter an die Acher sowie über die Achertalbahn zum Wegweiser Hinterer Lammhof. Links ab verläuft der Schnapsbrunnenpfad 230 Meter nahe der Landstraße, biegt beim Vorderen Lammhof aber schon wieder rechts ab.

Auf dem Schnapsbrunnenpfad der Hex vom Dasenstein

Wir folgen der Straße um die Rechtskurve zu den Lammhöfen, wo wir die Linkskurve nehmen und sich die Sicht über das Achertal öffnet. Hier wechseln sich Rebflächen mit Mischwäldern ab, bis wir beim Simmehof den nächsten Schnapsbrunnen erreichen. Wenige Meter weiter haben wir die Wahl: Für die kürzere Variante biegen

Schnapsbrunnentour

Jeweils Anfang September lädt Kappelrodeck zur kulinarischen Schnapsbrunnentour mit geführten Wanderungen ein. Bei den Höfen entlang des Schnapsbrunnenpfads werden regionale Spezialitäten wie Flammkuchen, Fleischküchle und Bauernwürste angeboten.

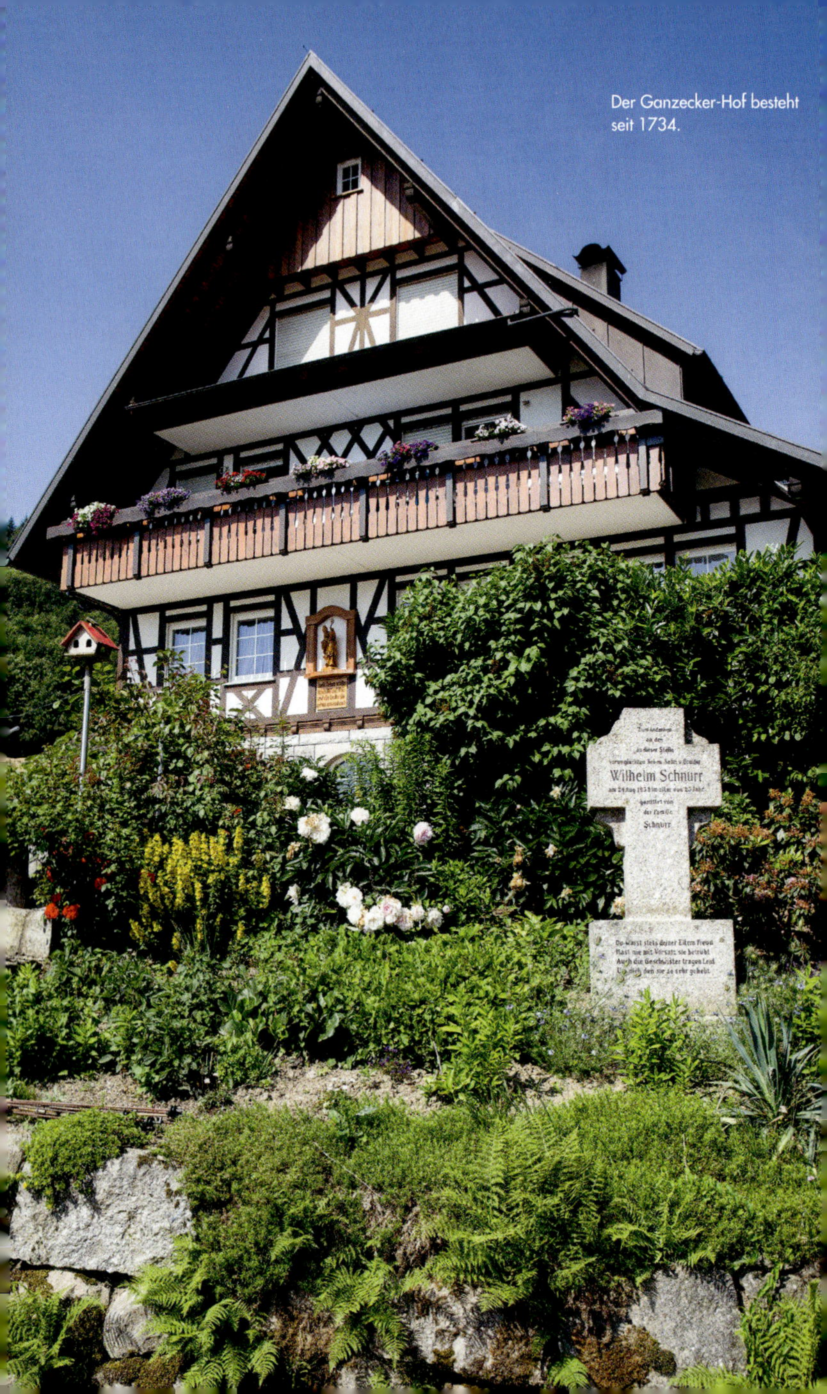

Der Ganzecker-Hof besteht seit 1734.

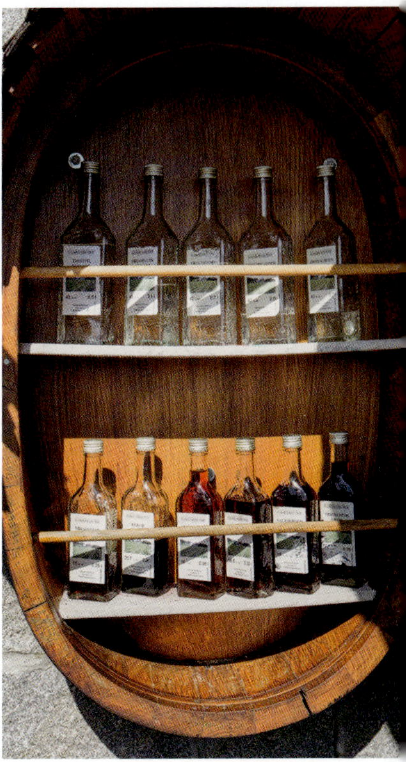

wir am Waldrand links zur Straße Besenstiel ab, die uns hinunter zum Ortsrand und dem Baßler-Hof führt. Schöner finden wir es, am Wald mit der gelben Raute geradeaus weiterzuwandern, wobei wir die Straße weiter oben kreuzen und als Nächstes eine Lourdes-Grotte passieren. Im weiteren Verlauf zweigt der mit einer gelben Raute markierte Wanderweg rechts ab. Wir indes bleiben auf der Fahrstraße, sodass wir nach Iberg kommen. Bei dem Hof sollten wir ebenfalls einen Schnapsbrunnen finden, »aufgrund der Unehrlichkeit mancher Menschen« ist dieser jedoch geschlossen. Vor Ort wurden wir aber dennoch freundlich empfangen und gefragt, ob wir Durst hätten.

Bei der nächsten Gabelung halten wir uns links, sodass wir abermals in die Weinberge gelangen. Wo unser Weg in einen anderen Wanderweg mündet, biegen wir scharf links ab und erreichen wenig später den Hof Baßler. Sowie wir den Abzweig zu dem Hof passiert haben, müssen wir uns bei der nächsten Gabelung links halten, um auf dem Schnapsbrunnenpfad zu bleiben. Wer möchte, kann aber auch den rechten oberen Weg wählen und später die Treppe über den Dasenstein zum unteren Weg nutzen. Für den weiteren Rückweg spazieren wir links an der Schutzhütte vorbei. Wo wir auf den Amselweg treffen, folgen wir diesem links zur Ibergstraße und nutzen bei der L87 die Unterführung, ehe wir die letzten Meter bis zurück zum Marktplatz in Angriff nehmen.

Auswahl an Bränden und Likören beim Ganzecker-Hof

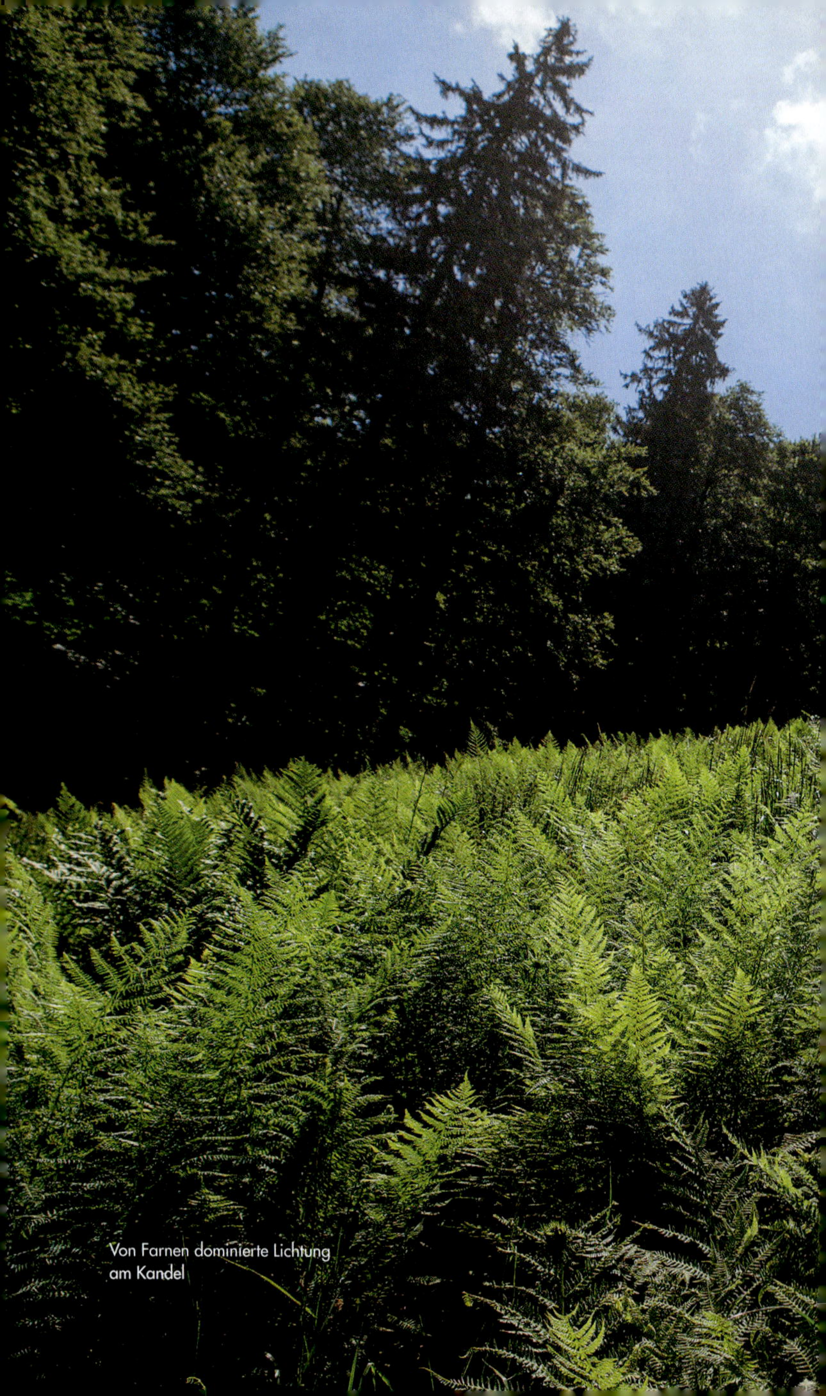

Von Farnen dominierte Lichtung am Kandel

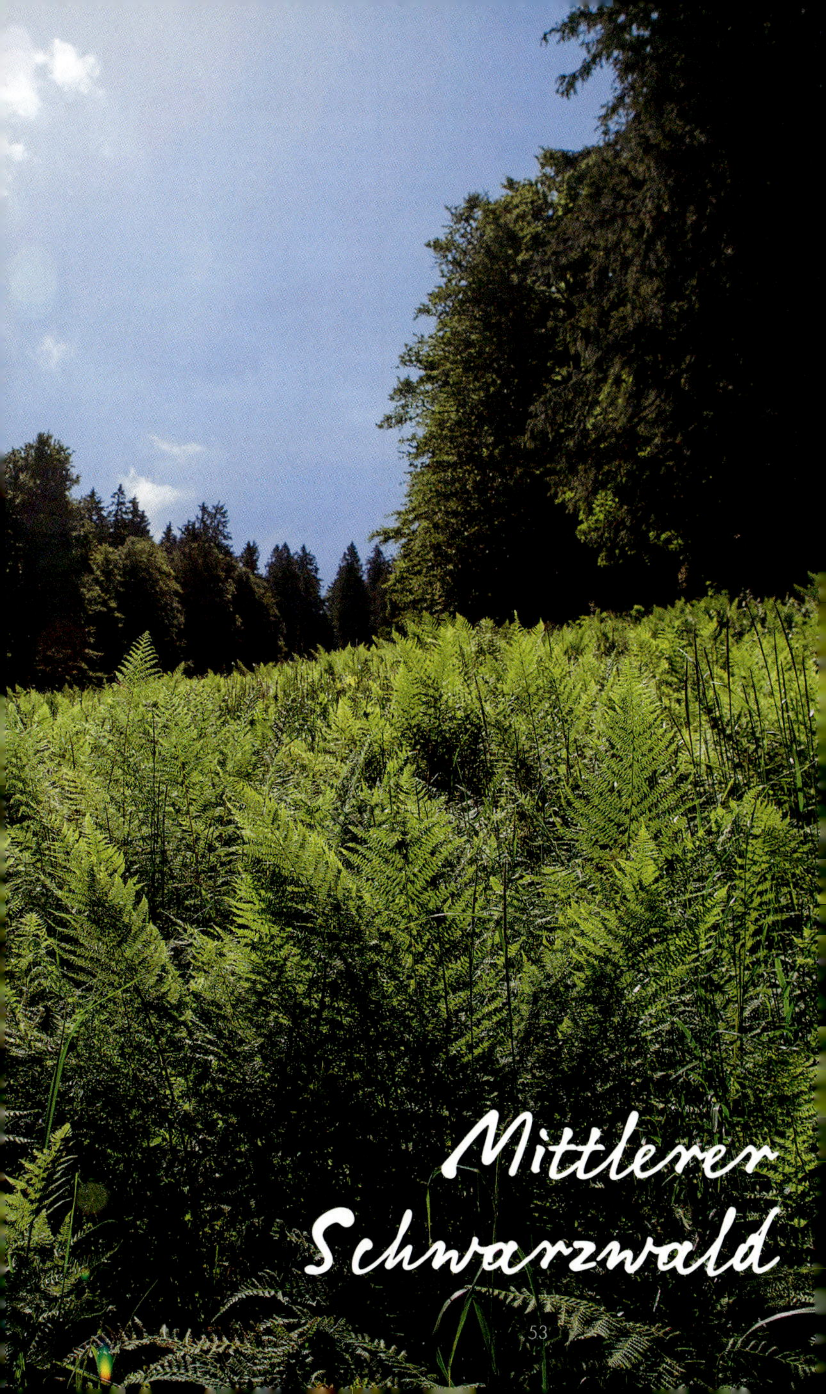

Mittlerer Schwarzwald

14 Jakobskapelle Bergle

Von Gengenbach ins Haigerachertal

Leicht 6,5 km 230 Hm 2.30 Std.

Tourencharakter: Für die Aufstiege zur Jakobskapelle und weiter zur Rempie ist Kondition am Berg von Vorteil, danach ist es eine eher leichte Runde auf breiten Wegen und im Ort entlang wenig befahrener Straßen.

Ausgangspunkt/Endpunkt: Rathausplatz (175 m)

Höchster Punkt: Rempie (305 m)

Anfahrt: Auto: Von der B 33 Offenburg–Haslach bei Gengenbach auf die L 99 Richtung Zentrum abbiegen und der Landstraße bis in die Friedrichstraße folgen. GPS: 48.4030, 8.0143 (P Friedrichstraße); Bus & Bahn: Ab Offenburg, Karlsruhe, Villingen und Konstanz fahren Züge nach Gengenbach. Der Zugang erfolgt über die Leutkirchstraße und Hauptstraße.

Einkehr: In Gengenbach

Beste Jahreszeit: Ganzjahrestour

Karte: Karte des Schwarzwaldvereins 1:25 000, W234 Achern

Informationen: www.gengenbach.info

Gemessen an den Besuchern ist Gengenbach die touristische Hauptstadt im Kinzigtal. Die ehemalige Freie Reichsstadt ist von Fachwerkbauten, engen Gassen, dem historischen Marktplatz sowie dem Benediktinerkloster geprägt. Darüber wacht die Jakobskapelle.

Unser Startpunkt ist der Rathausplatz mit dem Röhrbrunnen, auch Schwed genannt. Mit dem Rathaus zu unserer Rechten geht es über die Victor-Kretz-Straße durch das Obere Tor und rechts durch die Schwedenstraße sowie über Treppenwege hoch zum Gefallenendenkmal. Wir spazieren rechts um das Denkmal herum und folgen dem Kandelhöhenweg hoch zur Jakobskapelle auf dem Bergle. Oben erwartet uns eine herrliche Aussicht über Gengenbach und das Kinzigtal, die wir gerne eine Weile auf uns wirken lassen.

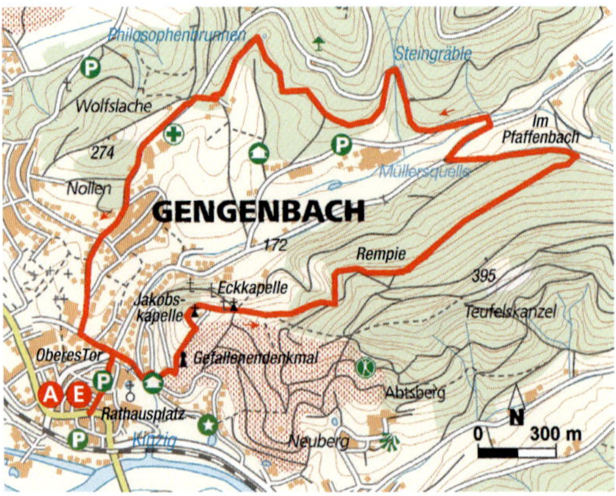

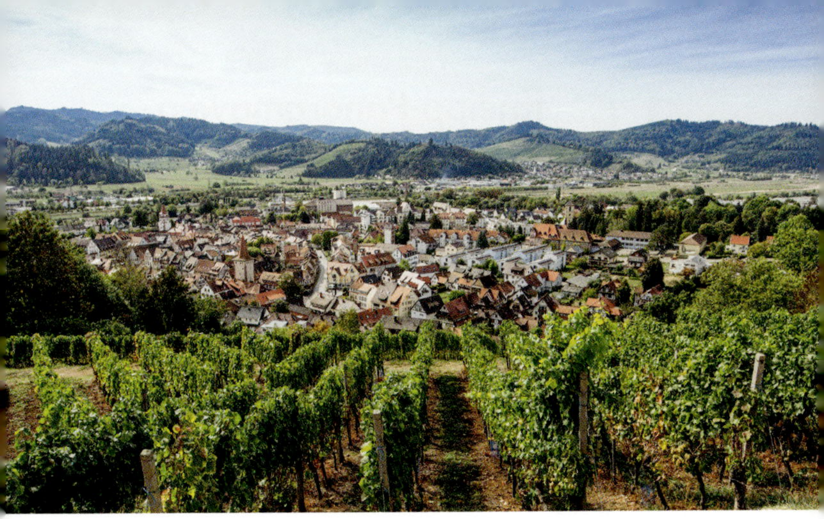

Auf dem Bergle liegt einem die Altstadt von Gengenbach zu Füßen.

Ab der Wallfahrtskirche leitet uns der Kandelhöhenweg über die Eckkapelle zunächst noch über den offenen Bergrücken und dann durch den Wald zur Rempie. Dort wechseln wir links auf den mit gelber Raute gekennzeichneten Weg Richtung Pfaffenbach. Wieder abwärts geht es auf bequemem Terrain an den unteren Waldrand, wo wir beim Wegweiser Im Pfaffenbach links abbiegen und die Straße bis über die Brücke über den Haigeracherbach nutzen. Wir orientieren uns nun flussaufwärts (rechts) bis zum Haus Nr. 3, vor dem wir links abbiegen und mit der gelben Raute zur Wassertretstelle Steingräble hinaufwandern.

Ab dem Scheitelpunkt des Wanderwegs folgen wir dem Philosophenweg über den Wegweiser Mattenhof (rechts) und am Philosophenbrunnen vorbei zur Wolfslache. Der Rückweg erfolgt durch den Wolfsweg und die Nollenstraße bis zum Oberen Tor von Gengenbach, wo wir gerne zumindest einen kurzen Rundgang durch die pittoreske Altstadt dranhängen.

Wassertretstelle Steingräble

Die Wassertretstelle ist seit einiger Zeit gesperrt. Laut Auskunft des Baubetriebshofs ist eine Reaktivierung der an sich schön gelegenen Anlage in den nächsten Jahren auch eher unwahrscheinlich.

15 Kneipp-Panoramaweg

Wassertreten im Harmersbachtal

Mittel | 9,8 km | 230 Hm | 3.30 Std.

Tourencharakter: Bis Mattacker einfache Tour mit nur geringen Höhenunterschieden, auf der zweiten Hälfte auch schmalere Wege

Ausgangspunkt/Endpunkt: Parkplatz Sonne in Zell am Harmersbach (220 m)

Höchster Punkt: Bereich Eckwald (ca. 320 m)

Anfahrt: Auto: Von der B 33 Offenburg–Haslach i.K. bei Biberach Richtung Zell a.H. abfahren. Weiter auf der Landstraße 94 bis zur Ortsmitte von Zell am Harmersbach fahren. GPS: 48.3456, 8.0613; Bus & Bahn: Ab Offenburg gibt es Zugverbindungen mit Umstieg in Biberach nach Zell am Harmersbach.

Einkehr: In Zell; sehr schöne Rastmöglichkeiten

Beste Jahreszeit: Mai bis Oktober

Karte: Karte des Schwarzwaldvereins 1:25 000, W239 Lahr

Informationen: www.zell.de

Für den Panorama-Kneipp-Rundweg sollten wir ein oder besser zwei Handtücher einpacken: Gleich vier Mal ist es hier möglich, die Beine abzukühlen. Obendrein eröffnen sich uns einige schöne Ausblicke über das von Wiesen und Obstwiesen geprägte Harmersbachtal.

Vom Parkplatz Sonne aus geht es durch die Hauptstraße zum Waldparkplatz Keramik. Wir biegen rechts nach Kleebad ab und halten uns bei der nächsten Verzweigung erneut rechts. Wo der Weg in die Jahnstraße mündet, zweigen wir beim Gasthaus Kleeblatt erst rechts, dann sogleich links ab. In der Folge wandern wir an der Villa Anna vorbei zum Wald und zur Wassertretstelle oberhalb vom Sportplatz. Weiter führt uns der Weg mal durch den Wald, mal am Waldrand zur Wassertretstelle Stieg.

Nach einer schmaleren Passage mündet unser Pfad in einen Fahrweg, dem wir rechts über die Durchgangsstraße zum Mattacker und ab da zum Wegweiser Steinenbach folgen. Dort treffen wir auf den Hansjakobweg, welcher uns an der Radiumquelle vorbei zur Wassertretstelle samt Rastplatz am Rebberg leitet. Als Nächstes gelangen wir zum Wanderparkplatz am Neuhauser Rebberg. Um auf dem Panoramaweg zu bleiben, nehmen wir den Weg halblinks und folgen der gelben Raute auf wechselnden Wegen durch den Wald zum Wasserbehälter Eckwald.

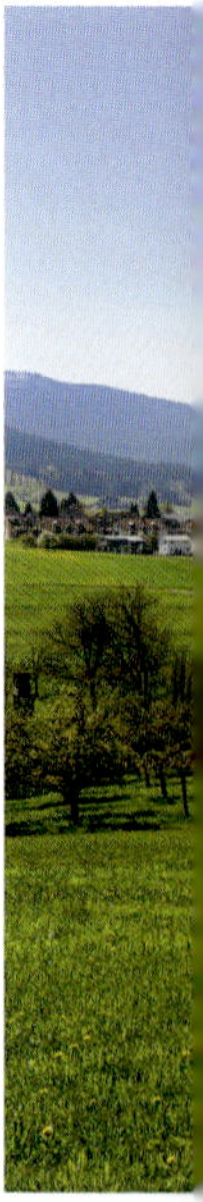

Beim Wegweiser nahe dem Wasserbehälter geht es nach rechts zum »Bannstein« und von dort links über die Sonnenhalde und den Hainbuchenweg an den Harmersbach. Kurz bevor wir diesen erreichen, kreuzt der Rundweg die Hauptstraße und leitet uns um die Kirche herum auf die Klosterstraße und über die Gleise zur Wiesenwaldstraße. Auf dieser verlassen wir den Ort wieder und biegen am Waldrand halbrechts auf den breiten Weg ab. Über den Naturlehrpfad erreichen wir die Wassertretstelle Alter Wald. Der letzte Abschnitt führt geradeaus durch den Wald zum Wegweiser Alter Wald und über den Fußweg entlang der Straße zurück nach Zell.

Keramikmuseum in Zell

Das Museum der Zeller Keramik Manufaktur dokumentiert auf 160 Quadratmetern die über 200 Jahre währende Geschichte der Zeller Keramikproduktion. Bekannt ist diese durch die Dekore Hahn & Henne, Favorite und Alt Straßburg.

Blick quer durch das idyllische Harmersbachtal

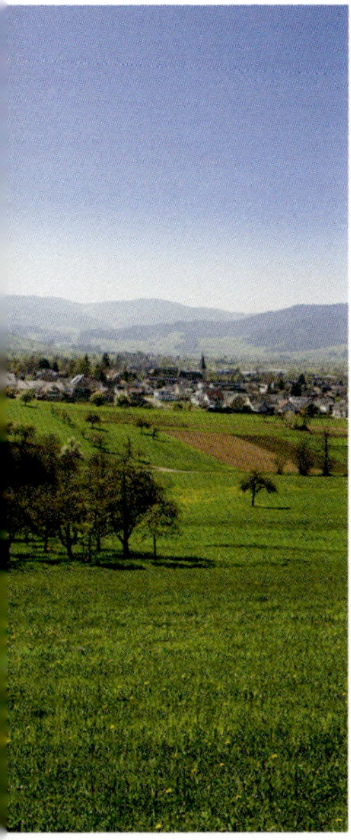

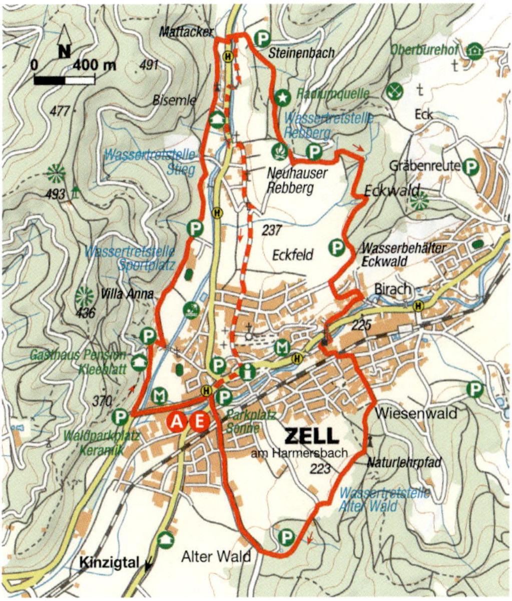

16 Geologischer Pfad von Wittichen

Rund um das ehemalige Kloster

Mittel | 6,8 km | 230 Hm | 2.15–2.45 Std.

Tourencharakter: Auf der Runde gibt es fast mehr Rastbänke als Wegmarkierungen. Mit etwas Orientierung ist die Tour beiderseits des Klosterbachs auf einfach zu wandernden Wegen aber gut machbar.

Ausgangspunkt/Endpunkt: Parkplatz an der K5524 (475 m)

Höchster Punkt: Bereich Wüstenbach (ca. 600 m)

Anfahrt: Auto: Von der B462 Rottweil–Hausach in Schenkenzell auf die Reinerzaustraße bzw. L405 abbiegen, bei Vortal zum Kloster Wittichen abbiegen und der Straße 450 m bis zum Parkplatz folgen.
GPS: 48.3326, 8.3532;
Bus & Bahn: –

Einkehr: Auf der Stecke keine; einige Rastmöglichkeiten

Beste Jahreszeit: April bis Oktober

Karte: Karte des Schwarzwaldvereins 1:25 000, W240 Oberndorf

Informationen: www.schenkenzell.de

Der geologische Pfad von Wittichen wurde zuletzt eher stiefmütterlich behandelt. Darunter leiden die Infotafeln und auch eine durchgehende Markierung fehlt. Im Kontrast dazu führt der Weg aber an einigen Rastmöglichkeiten vorbei und bietet uns schöne Ausblicke.

Der Einstieg zu dieser Tour befindet sich direkt an der Kreisstraße zum ehemaligen Kloster. Wir absolvieren die Wanderung im Uhrzeigersinn. Dabei nutzen wir den leicht ansteigenden Forstweg links der Straße und überqueren den Klosterbach. Wo wir auf einen zweiten Forstweg treffen, biegen wir rechts in Richtung Grausenloch und Wüstenbach ab. Weiter leicht bergan passieren wir in einer engen Rechtskurve das Beckelsbächle. Gleich danach führt rechts ein mit gel-

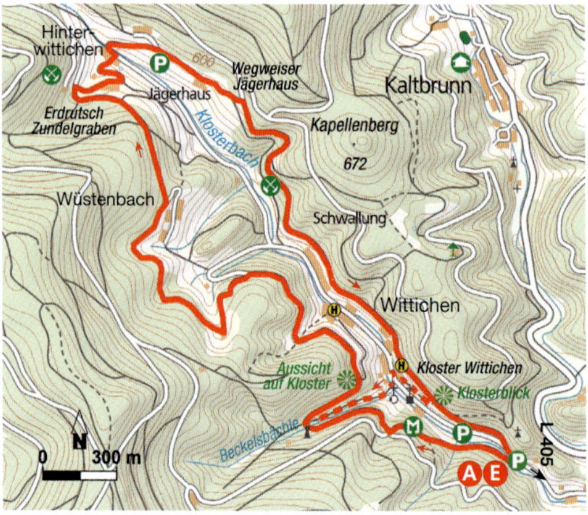

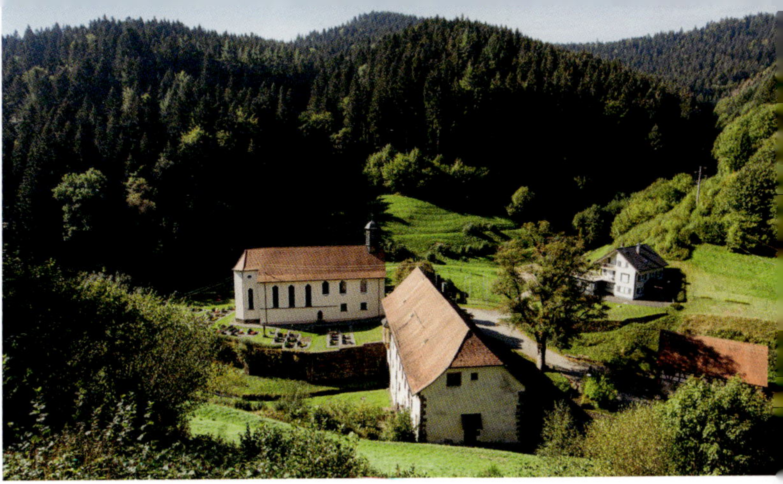

Kloster Wittichen, ein ehemaliges Klarissenkloster

ber Raute ausgewiesener Weg des Schwarzwaldvereins hinunter zum Kloster Wittichen. Wir halten uns aber links, sodass wir gut 200 Meter weiter zu einem Aussichtspunkt oberhalb des Klosters gelangen.
Anschließend bleiben wir auf dem oberen Weg, bis dieser in eine Straße mündet, auf der wir uns abermals links halten. Sowie wir eine Lichtung erreichen, geht die Straße bei Haus Nr. 178 wieder in einen Schotterweg über. Diesem folgen wir zur Straße Wüstenbach (links) und vorbei am Erdrutsch Zundelgraben (hier rechts abbiegen) nach Hinterwittichen. Auf diesem Abschnitt verläuft der geologische Pfad auf dem Hansjakobweg, sodass wir sicher zur Talsohle gelangen.
In dem kleinen Weiler trennen sich die Wege wieder. Während der Hansjakobweg zum Kloster Wittichen abbiegt, folgen wir der gelben Raute erst links, dann rechts über den Bach hinauf zum Wegweiser Jägerhaus. Ab dort erfolgt der Rückweg rechts über den Klosterblick zu unserem Ausgangspunkt an der Kreisstraße.
Variante: Ab dem Kloster von Wittichen besteht eine Verbindung entlang dem Beckelsbach (gelbe Raute) hoch zum geologischen Pfad. Eine zweite Verbindung führt vom Klosterblick wieder hinunter zum Kloster, wo wir wenige Parkmöglichkeiten finden.

17 Panoramaweg Mühlenbach

Kleine Runde des Aussichtswegs

Mittel | 9,5 km | 420 Hm | 3-4 Std.

Tourencharakter: Nach dem ersten knackigen Anstieg eine abwechslungsreiche Wanderung auf Waldwegen und Pfaden mit stetigem Wechsel von Wald und Aussichtspunkten

Ausgangspunkt/Endpunkt: Ortsmitte Mühlenbach (259 m)

Höchster Punkt: Am Guller (441 m)

Anfahrt: Auto: Der Sonnenparkplatz befindet sich direkt an der B 294 Freiburg–Haslach i.K. in der Ortsmitte von Mühlenbach.
GPS: 48.2534, 8.1103;
Bus & Bahn: Es bestehen Busverbindungen ab Haslach, Elzach und Hausach zur Haltestelle Mühlenbach Kirche.

Einkehr: Auf der Strecke keine; schöne Rastmöglichkeiten

Beste Jahreszeit: April bis Oktober

Karte: Karte des Schwarzwaldvereins 1:25 000, W248 Furtwangen

Informationen: www.schwarzwald-kinzigtal.info

In einem Seitental der Kinzig empfängt Mühlenbach seine Gäste mit einem reichen Blumenflor. Die Kleine Runde des Panoramawegs von Mühlenbach ist auch als »König der Wanderwege« bekannt. Ein landschaftlicher Genuss jedenfalls ist uns gewiss.

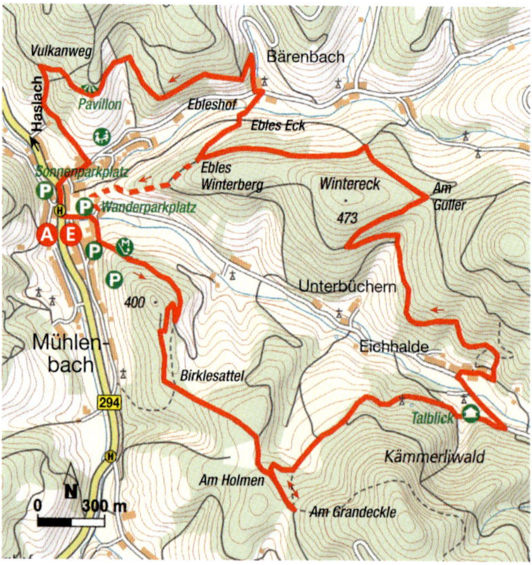

Vom Sonnenparkplatz aus geht es über die B 294 zum Rathaus Mühlenbach. Ab dort folgen wir der blauen Raute erst in Richtung Hochenhof und wandern dann auf wechselnden Wegen bergan durch den Wald. Sowie wir diesen wieder verlassen, erwartet uns eine schöne Aussicht auf dem Birklesattel. Als Nächstes führt uns der Panoramaweg zum Wegweiser »Am

Holmen«, an dem wir die Wahl haben: Geradeaus bietet sich ein Abstecher zur Aussicht am Grandeckle an; um auf der Kleinen Runde zu bleiben, müssen wir indes links abbiegen.

Wir wechseln auf den mit einer gelben Raute markierten Wanderweg, der uns bald über eine Wiese, dann weiter durch den Wald nach Eichhalde führt. Auf dem Weg dorthin treffen wir auf die Straße Büchern, auf der wir links den Bücherner Bach überqueren. Bei der Häusergruppe verlassen wir die Straße. Immer noch mit der gelben Raute gewinnen wir auf dem nächsten Abschnitt wieder an Höhe. Nach drei Kehren schwenkt der Wanderweg nach Westen (links) und führt uns zu einer Wiese. Kurz bevor es erneut in den Wald geht, nahe einer Rastbank, halten wir uns zuerst rechts und folgen dann dem breiten Schotterweg um die Linkskurve. 200 Meter weiter beschreibt der Weg eine enge Rechtskurve und nimmt Kurs auf den Guller.

Ab dem Wegweiser Am Guller führt uns der Panoramaweg links hinunter zum »Ebles Wintersberg«. Wer will, kann hier nach Mühlenbach abkürzen. Ansonsten biegen wir dort scharf rechts ab und laufen am Rastplatz Ebles Eck vorbei zum Ebleshof. Für den letzten Abschnitt der Runde kreuzen wir die Durchgangsstraße und folgen der gelben Raute auf erneut wechselnden Wegen über den Pavillon bis zum Vulkanweg, von wo wir mit der blauen Raute links und bei der Gabelung erneut links zurück nach Mühlenbach gelangen.

Das Fuchssche Greiskraut wächst gerne auf freien Störflächen im Wald und wird daher auch Schlagraumpflanze genannt.

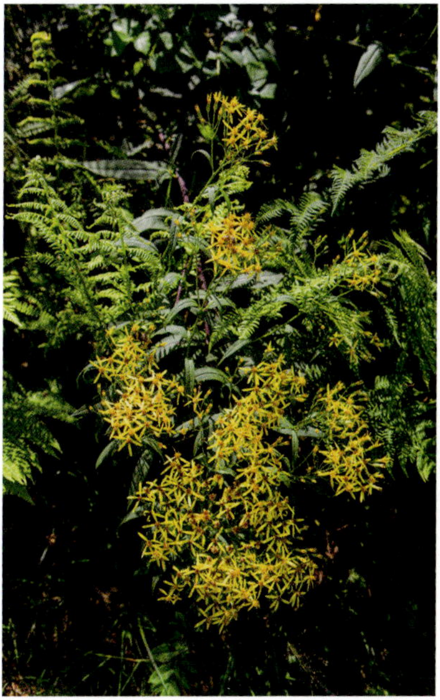

18 Moserstein-Runde

Aussichtspavillon par excellence

Leicht | 3,2 km | 150 Hm | 1.30 Std.

Tourencharakter: Beim Aufstieg zum Moserstein ist eine gute Kondition am Berg von Vorteil, danach führt die leichte Wanderung über bequem zu gehende Pfade und Wege.

Ausgangspunkt/Endpunkt: Gutach Dorfmitte (294 m)

Höchster Punkt: uh. Moserstein (430 m)

Anfahrt: Auto: Von der B 294 Haslach–Freudenstadt zwischen Hausach und Wolfach auf die B 33 Richtung Triberg abfahren, weiter bis Ortsmitte Gutach (Schwarzwaldbahn).
GPS: 48.2488, 8.2113;
Bus & Bahn: Es bestehen Busverbindungen ab Hausach und Triberg zur Haltestelle Gutach Kirchstraße.

Einkehr: Auf der Strecke keine; in Gutach

Beste Jahreszeit: März bis November

Karte: Karte des Schwarzwaldvereins 1:25 000, W248 Furtwangen

Informationen: www.schwarzwald-kinzigtal.info

Hoch über dem Gutachtal überrascht uns der Pavillon am Moserstein mit einer fantastischen Aussicht über das Tal und den Ort Gutach. Darüber hinweg blicken wir auch in das Sulzbachtal zum Höhenzug zwischen Büchereck und Farrenkopf.

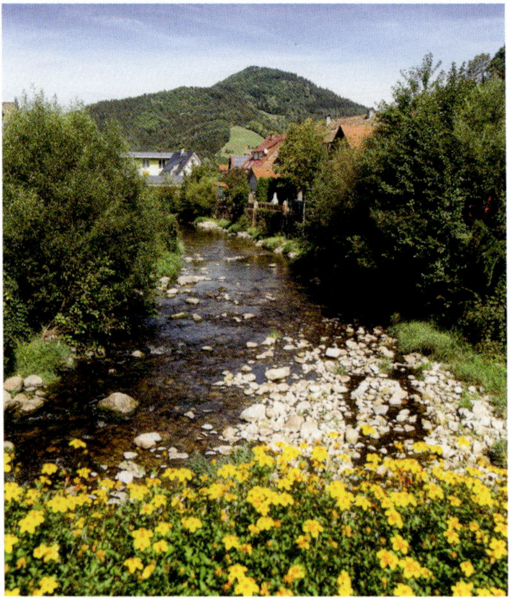

Der Moserstein ist bereits an unserem Ausgangspunkt in der Ortsmitte von Gutach angeschrieben. Damit folgen wir der blauen Raute durch die Kirchstraße über die Gutach und am Museum Hasemann-Liebich vorbei zum Kriegerdenkmal. Nachdem wir

beim Friedhof eine alternative Parkmöglichkeit passiert haben, kreuzen wir die Schienen der Schwarzwaldbahn und tauchen in den Wald ein. Nach etwa 70 Metern schwenkt der Wanderweg nach rechts und berührt bei Neudorf nochmals den Waldrand, wo wir links abbiegen.

Wir befinden uns hier auf der Mosersteinschleife des Tälersteigs, mit der wir in der nächsten Rechtskurve geradeaus auf den ansteigenden Pfad wechseln. Nach gut 300 Metern haben wir den Pavillon am Moserstein erreicht. Außerdem liegen dort die meisten Höhenmeter der Tour bereits hinter uns, sodass der geschickt platzierte Pavillon wie gerufen für eine Pause kommt. Und die sollten wir uns wirklich gönnen und unseren Blick ausgiebig über das reizvolle Gutachtal mit seinen Schwarzwaldhöfen schweifen lassen.

Gutacher Tälersteig

Der Tälersteig ist ein leichter Wandersteig, der uns einige herrliche Aussichten über das Gutachtal und seine Nebentäler eröffnet. Zusammen mit weiteren, als Premiumwanderwege ausgezeichneten Steigen haben wir diesen in »Schwarzwald-Steige« (Bruckmann Verlag) beschrieben.

Linke Seite: Blumiger Blick auf die Gutach

Anschließend trennen sich die Wege. Während der Gutacher Tälersteig Kurs auf die Maierecke nimmt, wechseln wir auf den mit einer gelben Raute gekennzeichneten Pfad. Wo dieser in einen anderen Weg mündet, biegen wir links ab. Im Abstieg führt uns die Strecke vorbei an einer weiteren Rastmöglichkeit an den unteren Waldrand und schwenkt dann nach Norden, ehe wir beim Wegweiser Ramsbach links die Gleise überqueren. Jenseits der Bahnlinie geht es links auf dem Obstbaumpfad und im weiteren Verlauf auf dem Ramsbachweg zurück zum Ausgangspunkt in Gutach.

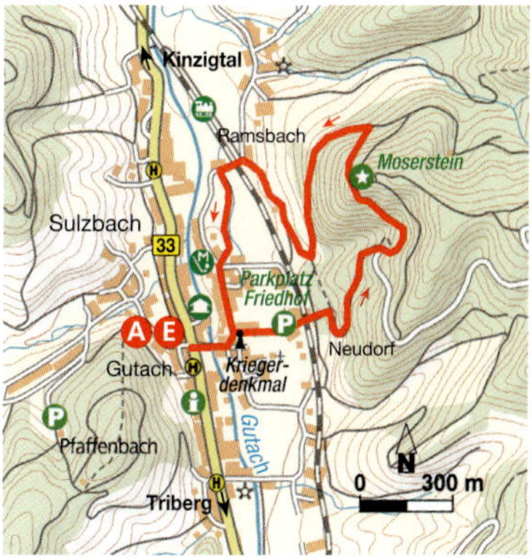

19 Schwarzwaldbahn-Erlebnispfad

Bahngeschichte rund um Triberg

Mittel | 6,7 km | 340 Hm | 2.30–3 Std.

Tourencharakter: Der Abstecher zur Station Tunnelbau sowie der Aufstieg zwischen Kuckucksuhr und Station Fußwege und Bahnwege erfordern Trittsicherheit, ansonsten ist es eine spannende Runde auf wechselndem Untergrund.

Ausgangspunkt/Endpunkt: Bahnhof Triberg (635 m)

Höchster Punkt: Räuberhöhle (790 m)

Anfahrt: Auto: Die Anfahrt erfolgt über die B 500 bis Triberg, dort der Beschilderung zum Bahnhof folgen und am besten gegenüber dem Robert-Gerwig-Denkmal parken. GPS: 48.1399, 8.2370 (Denkmal); Bus & Bahn: Von Offenburg und Konstanz mit der Schwarzwaldbahn nach Triberg.

Einkehr: Auf der Strecke keine; in Triberg

Beste Jahreszeit: April bis Oktober

Karte: Karte des Schwarzwaldvereins 1:25 000, W248 Furtwangen

Informationen: www.triberg.de

Die Entwicklung Tribergs ist eng mit dem Bau der Schwarzwaldbahn verknüpft. Bis zur Fertigstellung der 149 km langen Strecke im Jahr 1873 waren einige Hürden zu nehmen. Mit dem Erlebnispfad wird einer der interessantesten Abschnitte dieser Trasse greifbar.

Bereits beim Startpunkt am Bahnhof von Triberg können wir einige Zeit bei den Infotafeln nahe der alten Dampflok verbringen. Für den ersten Abschnitt des Themenwegs folgen wir dem Franz-Göttler-Weg zunächst entlang der Gleise, dann durch den Wald zur Station Tunnelbau. Auf dem Weg dorthin überqueren wir zweimal den Zuckerhut-Tunnel, ehe wir uns bei einem Brunnen und dem Mini-Wasserfall vom Alpirsbach links halten. Wenn wir Glück haben (oder Geduld), sehen wir bei der Station einen Zug durch den Großhalde-Tunnel fahren. Anschließend geht es 400 Meter zurück bis über den Zuckerhut-Tunnel und links hinunter zum Uhren-Park Eble mit der überdimensionierten Kuckucksuhr.

Dort überqueren wir die Gutach, wandern längs am Gebäude vorbei und wechseln dann scharf links auf den Pfad. Über einige Kehren führt dieser bergan durch den Nadelmischwald zur Station Fußwege und Bahnwege. Einen Katzensprung weiter halten wir uns bei der Wegespinne halbrechts und gelangen so zur Aussichtsplattform beim Vierbahnenblick, wobei es sich natürlich nur um bildlich voneinander getrennte Abschnitte der Schwarzwaldbahn handelt. Anschließend unterquert der Erlebnispfad die Gleis-

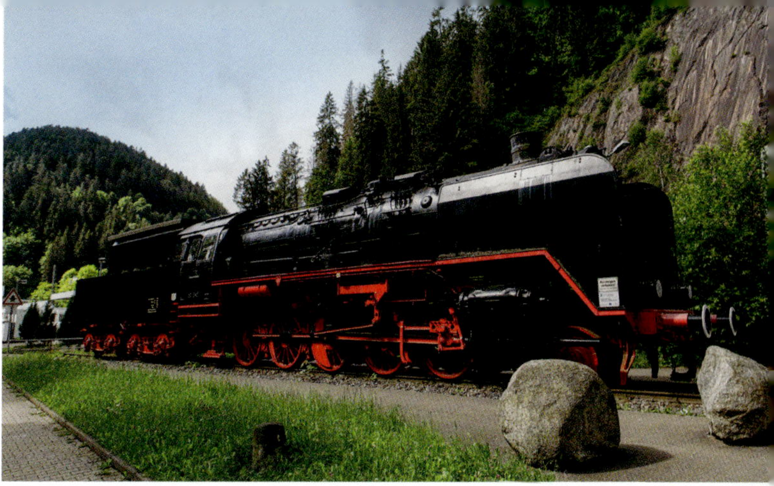

trasse (Kopf einziehen!) nahe dem Gremmelsbacher Tunnel, knickt nach rechts ab und führt uns in südlicher Richtung zum Oberen Dreibahnenblick.

Alte Dampflok beim Bahnhof von Triberg

Nun passiert der Themenweg die Räuberhöhle, zweigt rechts ab und führt uns durch mehrere weit geschwungene Kurven an den Waldrand. Rechts ab trennt uns dort nur noch eine Zuglänge von der Station Energie. Neben Infos zum Einsatz verschiedener Energiequellen und zur Rückgewinnung beim Bremsen finden wir dort einen überdachten Platz mit schönem Blick über die Wiese am Feißesberg. Weiter geht es zunächst noch am Waldrand entlang bis zu einem breiteren Weg, dann marschieren wir links über den Feißesbergweg an wenigen Häusern vorbei. Wenn wir weiter unten wieder an die Bahnlinie kommen, wartet ungefähr geradeaus eine Verbindung zum oberen anspruchsvolleren Bahnerlebnispfad.

Triberger Hochstapler

In Triberg prahlt man mit »Deutschlands höchsten Wasserfällen«. 163 m Gesamtfallhöhe sind beachtlich, allerdings ist der Röthbach-Wasserfall (470 m) nahe dem Königssee fast dreimal so hoch. Auf den Plätzen 2 und 3 folgen der Seebach-Wasserfall und der Zipfelsfall im Allgäu mit je 300 m. Am Ende bleibt für Triberg der neunte Rang. Das aber wollte sich wohl niemand auf den Banner schreiben.

Für die leichtere Variante biegen wir rechts auf den Hohenweg ab und folgen der wenig befahrenen

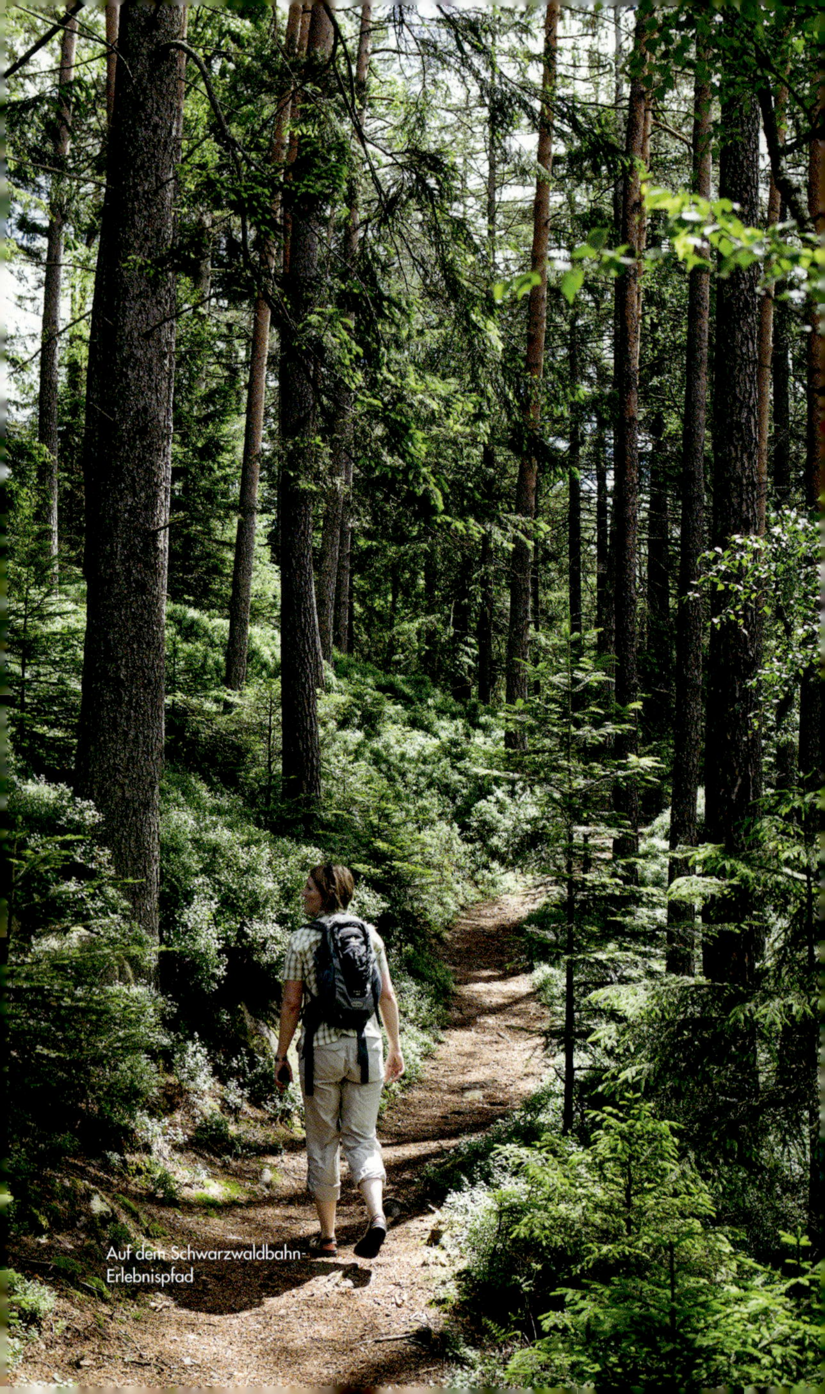

Auf dem Schwarzwaldbahn-Erlebnispfad

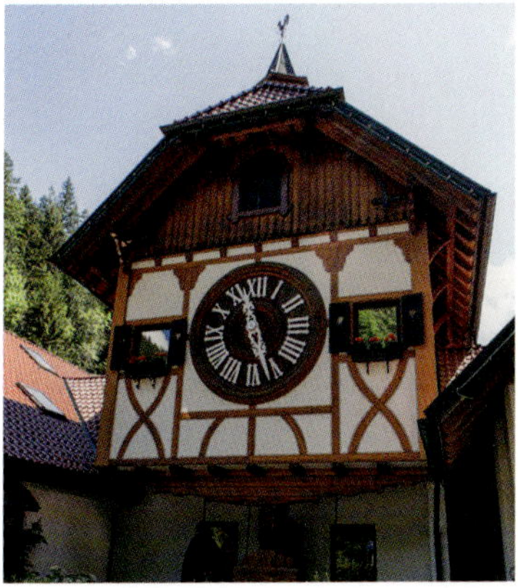

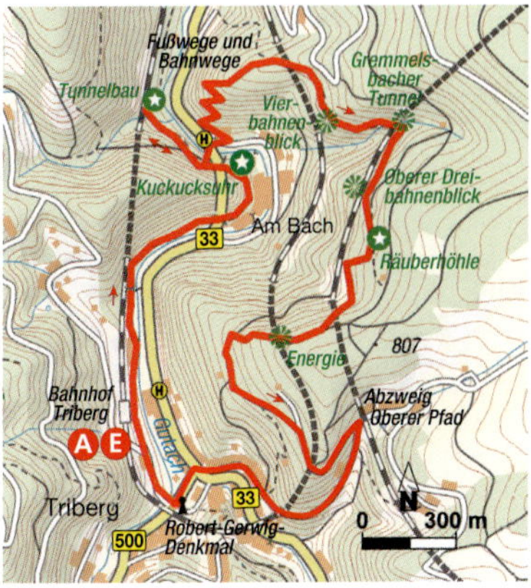

Straße bis hinunter an die B33. Sobald wir diese mithilfe des Zebrastreifens sicher überquert haben, gelangen wir entlang der B500 zur Bahnhofsbrücke nahe dem Start und Ziel des Themenwegs. Zum Abschluss der Tour lohnt sich ein Abstecher zum Robert-Gerwig-Denkmal. Der Ausnahmeingenieur hat neben der Schwarzwaldbahn einige weitere Großprojekte umgesetzt oder daran mitgewirkt, darunter die Eisenbahnbrücke von Waldshut über den Rhein, der Gotthardtunnel und die Höllentalbahn von Freiburg nach Hinterzarten.

Oben: Die vielleicht weltgrößte Kuckucksuhr

Unten: Station 3 – Fußwege und Bahnwege

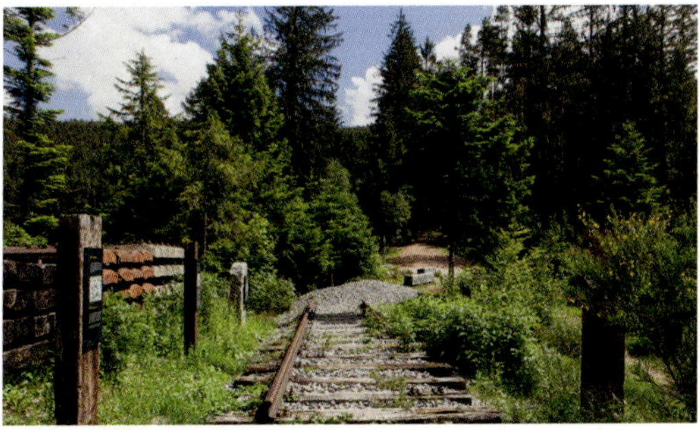

20 Heilklimasteig

Atmen und Lauschen bei Schönwald

Mittel | 11,5 km | 300 Hm | 3.30–4 Std.

Tourencharakter: Waldreiche Tour auf reizvollen Pfaden und Waldwegen sowie mit einigen schönen Aussichtspunkten. Schöne Rastmöglichkeiten am Wegrand

Ausgangspunkt/Endpunkt: Touristinfo Schönwald (992 m)

Höchster Punkt: Straßwald (ca. 1100 m)

Anfahrt: Auto: Von der B 500 Hinterzarten–Triberg in Schönwald zum Parkplatz in der Rathaussteige abbiegen. GPS: 48.1009, 8.2005; Bus & Bahn: Ab Triberg und Furtwangen bestehen Busverbindungen zur Haltestelle Bachwinkel, Schönwald im Schwarzwald.

Einkehr: Höhengasthaus Löwen-Escheck; Gasthof Kreuz

Beste Jahreszeit: April bis Oktober

Karte: Karte des Schwarzwaldvereins 1:25 000, W248 Furtwangen

Informationen: www.dasferienland.de

Auf dem Heilklimasteig erwartet uns kein Gipfel, kein Wasserfall und auch sonst nichts Herausragendes – stattdessen sind es die Ideen am Wegrand, die spürbar gute Luft und das Vogelgezwitscher, welche den Wandersteig zu einem besonderen Erlebnis machen.

Offiziell startet der Heilklimasteig beim Rathaus mit der Touristinformation von Schönwald. Je nachdem, welchen Parkplatz wir wählen, können wir aber auch gleich in den Johannes-Kepler-Weg abbiegen. Wenn

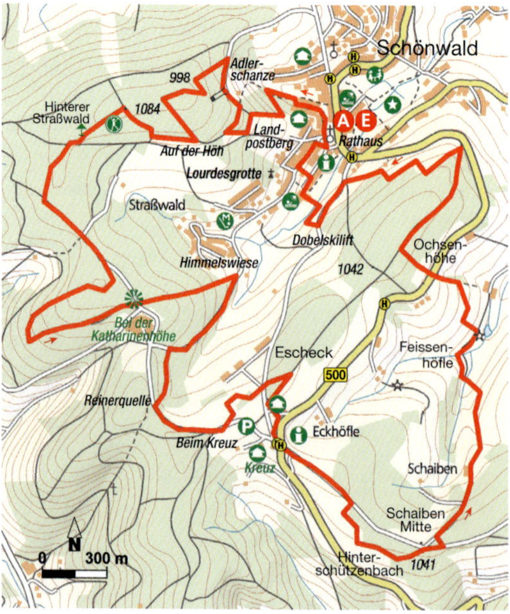

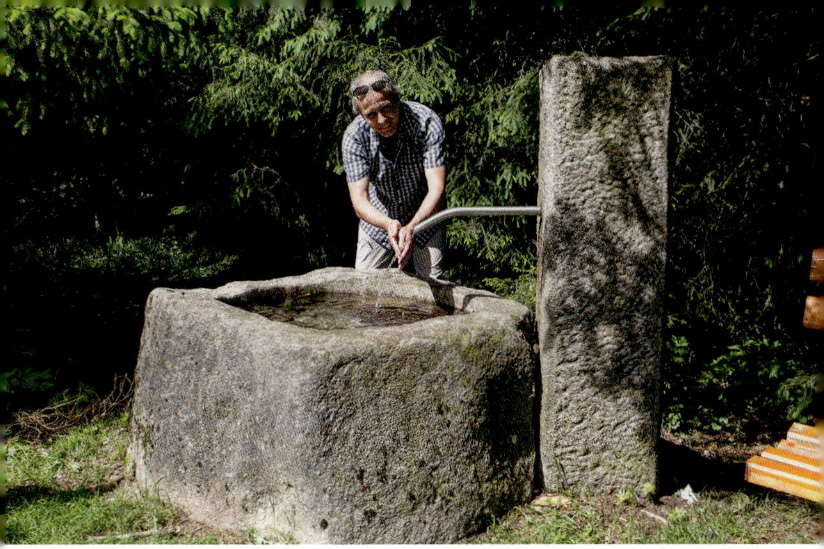

Brunnen nahe dem Baslerbachtal

die Straße am Wald endet, geht es auf dem Josefsweg in den Wald und 100 Meter weiter scharf links über die Halde zum Wegweiser Landpostberg. An sich könnten wir dort geradeaus direkt zur Adlerschanze wandern. Um aber auf dem Steig zu bleiben, biegen wir links ab, wo uns eine Schaukelbank die erste schöne Möglichkeit zum Verweilen bietet. Danach biegt der Steig zweimal rechts ab, sodass wir wieder auf den Weg zur Adlerschanze gelangen.

Sobald wir auch die Jugendschanze passiert haben, zweigen wir links ab und gehen damit kurzzeitig wieder auf die große Schanzenanlage zu. Dann aber folgen wir der Beschilderung bis »Auf der Höh«, wo wir mehrere Liegen vorfinden. Ab dort führt uns der Heilklimasteig auf wechselnden Wegen sowie über »Hinterer Straßwald« und »Kaltenbach« zum Wegweiser Bei der Katharinenhöhe. Wer abkürzen möchte, kann entlang der Zufahrt hinunter zum Escheck

Waldbaden

Besonders erholsam ist der Steig an heißen Sommertagen. So finden wir am Weg neben den klassischen aussichtsreich platzierten Bänken und Liegen auch mehrere Himmelsliegen mitten im Wald. Mit Blick von unten in die Baumkronen können wir dort dem Gezwitscher der Buchfinken lauschen und für den Moment die Welt um uns herum vergessen.

laufen. Um auf dem als Genießerpfad zertifizierten Weg zu bleiben, nehmen wir indes den Umweg über die Himmelswiese zum Reinerweiher.

Von dem Gewässer führt ein Wurzelpfad halbrechts zurück auf den breiten Wanderweg, ehe wir bei der Reinerquelle wieder auf den Fahrweg zum Escheck treffen. Nach einem kurzen Stück auf der Straße verlassen wir diese beim Wegweiser Beim Kreuz nochmals und nehmen einen zweiten Umweg über Neue Welt. Nachdem wir einen Waldstreifen gekreuzt haben, finden wir schließlich rechts am Höhengasthaus Löwen vorbei zum Escheck, wo wir bitte umsichtig die B 500 überqueren.

Jenseits der wichtigen Verkehrsverbindung führt uns der Steig über eine schöne Bergwiese und dann entlang des Waldrands zum Wegweiser Hinterschützenbach. Von dort wandern wir über Hippen und Schaiben Mitte in nördlicher Richtung bis Feissenhof. Links ab geht es mit schöner Aussicht über die Wiese hinauf an die Bundesstraße und weiter bergan in den Wald auf die Ochsenhöhe. Geradeaus besteht auch hier die Möglichkeit zu einer Abkürzung, während der Genießerpfad einen weiteren Umweg nimmt. Dieser führt rechts mit der gelben Raute an den Waldrand (nahe der B 500) und dann links entlang des Waldes an einer überdimensionierten Rastbank vorbei zum Dobelskilift. Dort finden wir nochmals zwei Himmelsliegen, ehe uns der Genießerpfad wieder hinunter nach Schönwald bzw. am Freibad vorbei zurück zum Rathaus mit der Touristinfo leitet.

Wanderweg zum Reinerweiher

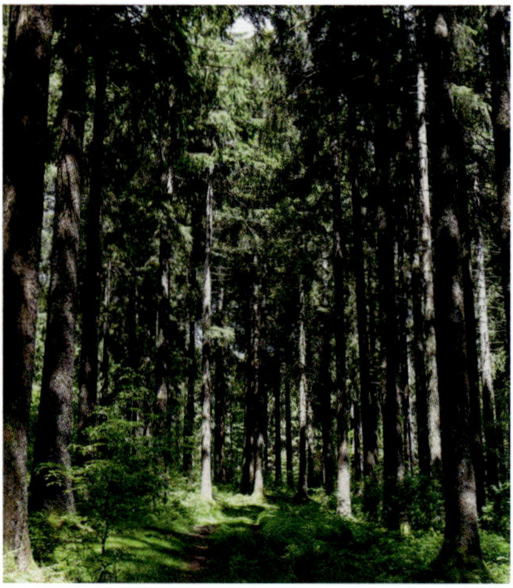

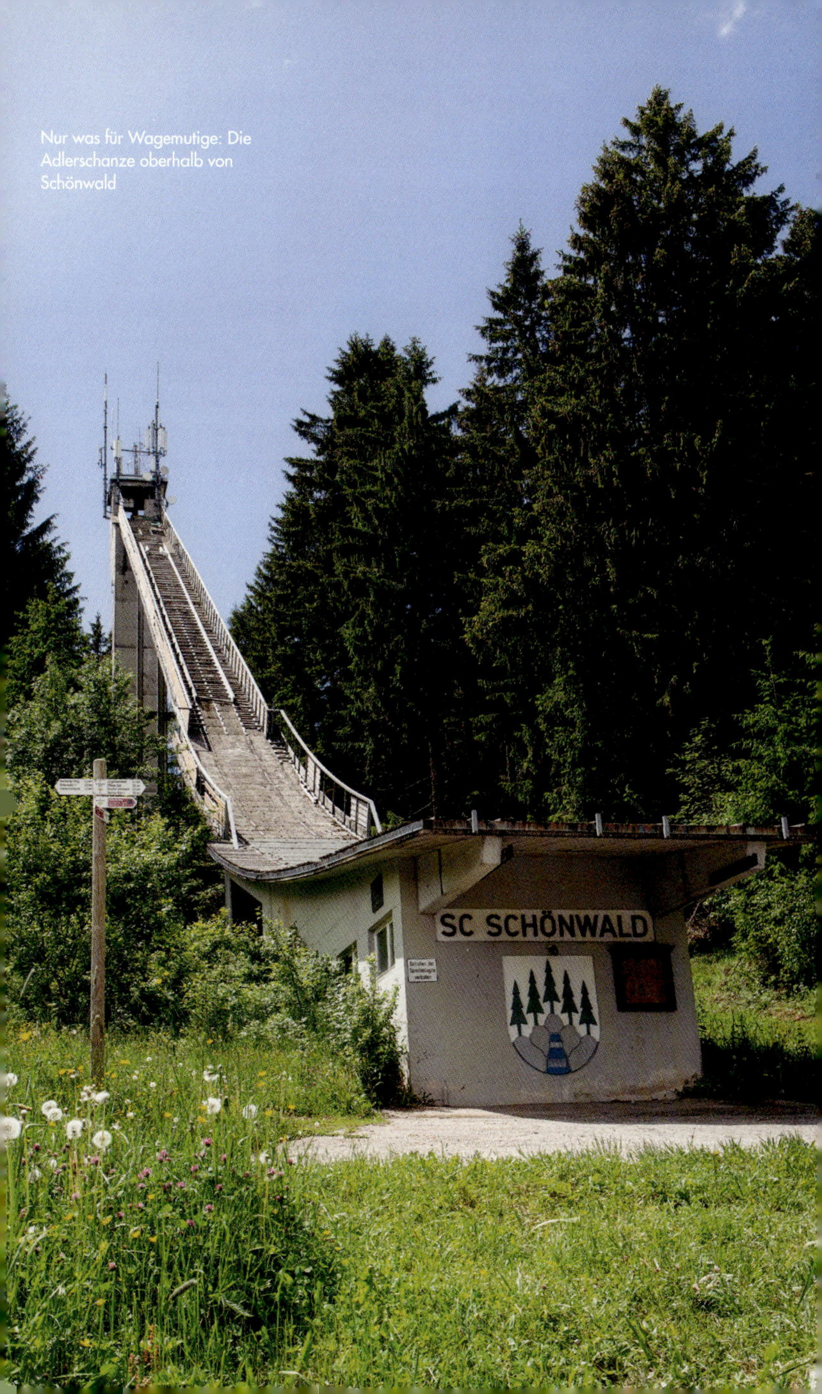

Nur was für Wagemutige: Die Adlerschanze oberhalb von Schönwald

21 Ruine Keppenbach

Beschützerin der Silbererzgruben

Mittel | 8,7 km | 240 Hm | 2.30–3 Std.

Tourencharakter: Der Anstieg hoch zur Keppenburg und weiter bis Aussicht Läger erfordert etwas Kondition, sonst eine leicht zu wandernde Runde auf Forstwegen und wenig befahrenen Straßen.

Ausgangspunkt/Endpunkt: Kurhaus Freiamt (415 m)

Höchster Punkt: Glasig/Illescheck (463 m)

Anfahrt: Auto: Von der B 3 Ettenheim–Freiburg bei Malterdingen nach Freiamt abbiegen, weiter über die L 113 und Ottoschwanden nach Freiamt, dort in die Badstraße abbiegen.
GPS: 48.1792, 7.9013;
Bus & Bahn: Ab dem Bahnhof Emmendingen bestehen Busverbindungen zur Haltestelle Kurhaus/Badstraße Freiamt.

Einkehr: Abseits der Strecke Gasthaus zur Waldlust; in Freiamt

Beste Jahreszeit: März bis Oktober

Karte: Karte des Schwarzwaldvereins 1:25 000, W247 Freiburg

Informationen: www.freiamt.de

Durch Silberfunde am Brettenbach wuchs die Burg Keppenbach im 13. Jahrhundert zu einer mächtigen Festung heran. Dem Silberfieber folgten jedoch die Ernüchterung, der Abstieg der Keppenbacher und schließlich der Verfall … beeilen wir uns also lieber!

Nahe dem Kurhaus Freiamt ermöglicht uns die Wandertafel eine erste Orientierung. Für diese Runde gehen wir durch die Straße Am Herrwald zur Langestraße und nach links an den östlichen Ortsrand. Dort biegen wir rechts ab und folgen dem Weg in südlicher Richtung mit der gelben Raute durch den Wald auf eine malerisch gelegene Wiese. Nach 200 Metern halten wir uns erst rechts und 200 Meter weiter dann links hinunter in den Wald. Wir folgen

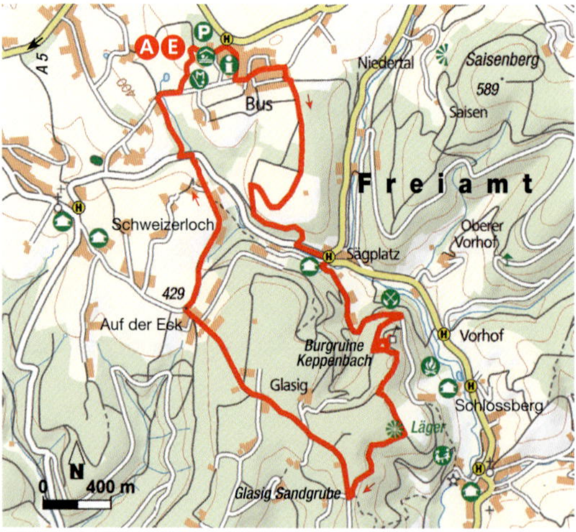

den Wegzeichen bis zum Sägplatz, wo wir die Straße und den Schweizerlochbach überqueren. Ab dem Wegweiser Sägbach trennt uns nach links noch ein Kilometer von der Ruine Keppenbach. Der Aufstieg führt uns an mehreren Gebäuden vorbei und dann über eine Schlaufe und den Keppenburgweg zur Burg ... oder zu dem, was von ihr übrig ist. Laut alten Schriften war die Burg mit 200 Metern Länge und 35 Metern Breite einst eine der größten im Breisgau. Nach ihrer zweimaligen Zerstörung Ende des 14. Jahrhunderts und im Bauernkrieg 1525 blieben jedoch nur wenige Gebäudeteile erhalten. Als Wanderer finden wir hier einen ruhigen, schönen Rastplatz.

Weiter geht es mit der gelben Raute über Läger nach Glasig Sandgrube, wo wir rechts auf die Straße abbiegen. Bei »Auf der Eck« wechseln wir rechts auf den landwirtschaftlichen Weg, der sich 200 Meter weiter beim Schweizerloch gabelt. Wir halten uns links, sodass wir weiter in Richtung Norden wandern. Wo wir auf die Kreisstraße treffen, setzt sich der Wanderweg wenige Schritte links von uns fort. Die letzten Meter bis zurück zum Kurhaus erfolgen über die Langestraße und einen links davon abzweigenden Fußweg.

Hallenbad im Kurhaus

Die Wanderung lässt sich wunderbar mit dem Besuch des Hallenbads von Freiamt verbinden, dem auch eine Sauna angeschlossen ist. Öffnungszeiten und Preise sind auf der Seite www.freiamt.de genannt. Samstags ist das Bad geschlossen.

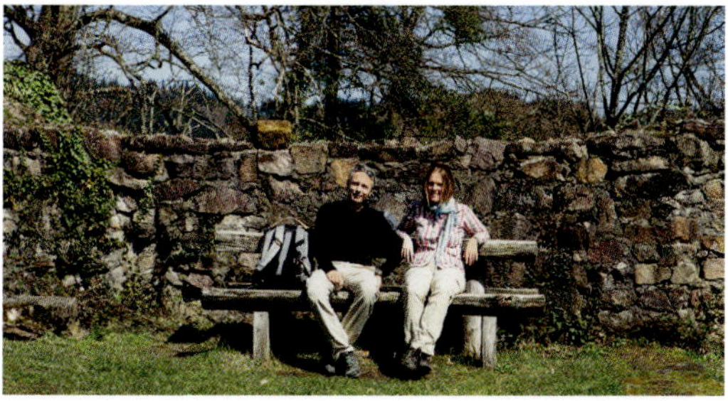

Rast in der Ruine Keppenbach

22 Hochburg bei Emmendingen

Von Sexau auf den Hachberg

Leicht | 6,4 km | 150 Hm | 2.30–3 Std.

Tourencharakter: Bis auf einige Bereiche in der Burgruine und eine (umgehbare) Treppenunterführung eine barrierefreie Runde auf breiten Forst- und Waldwegen

Ausgangspunkt/Endpunkt: Parkplatz Waldspielplatz in Sexau (227 m)

Höchster Punkt: Hochburg (335 m)

Anfahrt: Auto: Von der B 3 in Emmendingen oder der B 294 bei Waldkirch abfahren und der Beschilderung nach Sexau folgen, dort in den Burgweg abbiegen. GPS: 48.0961, 7.8961; Bus & Bahn: Ab Waldkirch und Emmendingen bestehen Busverbindungen zur Haltestelle Lörch Waldhorn in Sexau. Der Zugang erfolgt über den Burgweg am westlichen Ortsrand.

Einkehr: Schwatzhüsli in der Hochburg, Wochenende und Feiertage

Beste Jahreszeit: Ganzjahrestour

Karte: Karte des Schwarzwaldvereins 1:25 000, W247 Freiburg

Informationen: www.tourismus.emmendingen.de

Die Hochburg ist eine der größten Burg- und Festungsanlagen Badens. Nach einer wechselvollen Geschichte mit wiederholter Zerstörung kümmert sich seit 1971 der Verein zur Erhaltung der Ruine Hochburg um die bis dato stattliche Anlage.

Vom Parkplatz am Horneck und dem Waldspielplatz folgen wir der gelben Raute in Richtung Windenreute in den Wald und halten uns bei der Weggabelung links. Für den Hinweg zur Burg nutzen wir damit den Traufweg. Bei nur geringen Höhenunterschieden verläuft dieser nahe dem Waldrand bis »Backofen«. Vom gleichnamigen Wegweiser wandern wir mehr oder weniger geradeaus auf dem Dobelweg an den nördlichen Waldrand und von dort – mit zunehmend schöner Sicht über Emmendingen zu Kaiserstuhl und Vogesen – zum Wegweiser am Hornwald.

Bis zur Ruine Hochburg wären es beim Hornwald noch 300 Meter. Um aber nicht zweimal denselben Weg gehen zu müssen, biegen wir zunächst links

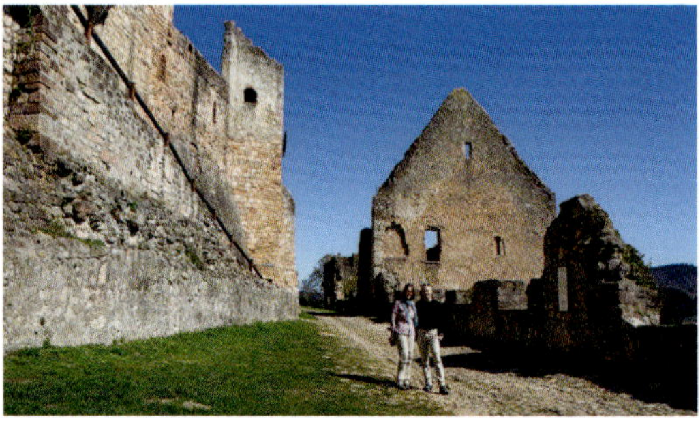

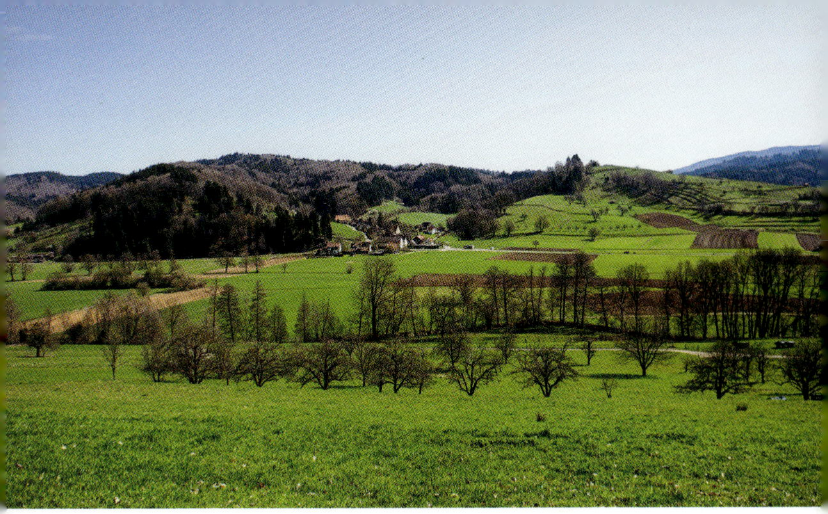

ab auf den Breisgauer Weinweg und nehmen den Umweg über Am Burgberg hoch zur Ruine Hochburg. Oben angelangt, können wir ruhig einige Zeit verweilen. Es macht richtig Spaß, den verschiedenen Wegen und Aufgängen in der Burg zu folgen und immer wieder neue Bereiche der 1127 erstmals urkundlich erwähnten Festung zu erkunden. Vor Ort informieren Tafeln über die Geschichte und die verschiedenen Bereiche mit ihrer jeweiligen Funktion. Zugleich eröffnen uns die höheren Festungsteile einen imposanten Blick zur Oberrheinebene und zum Kaiserstuhl im Westen sowie über das Brettenbachtal zum Schwarzwald mit dem Kandel im Südosten. Bei guter Sicht ist rechts davon das Feldbergmassiv mit dem Feldbergturm auf dem Seebuck deutlich zu erkennen. Und nicht zuletzt bietet uns das »Schwatzhüsli« an den Wochenenden und Feiertagen eine schöne Gelegenheit, die herrliche Kulisse bei Kaffee und Erfrischungsgetränken sowie heißen Würstchen auf uns wirken zu lassen.

Oben: Blick über das von Wiesen, Obst und Baumreihen geprägte Brettental

Linke Seite: Im unteren Bereich der Ruine Hochburg

Museum in der Burg

Im Gewölbekeller der Oberburg, dem alten Wein- und Vorratskeller, sind zahlreiche Fundstücke früherer Burgbewohner ausgestellt. Darüber hinaus gibt das Lapidarium Einblick in die Arbeiten der Steinmetze und Ziegler. Das Museum ist von April bis Oktober an Sonn- und Feiertagen von 13–17 Uhr geöffnet.

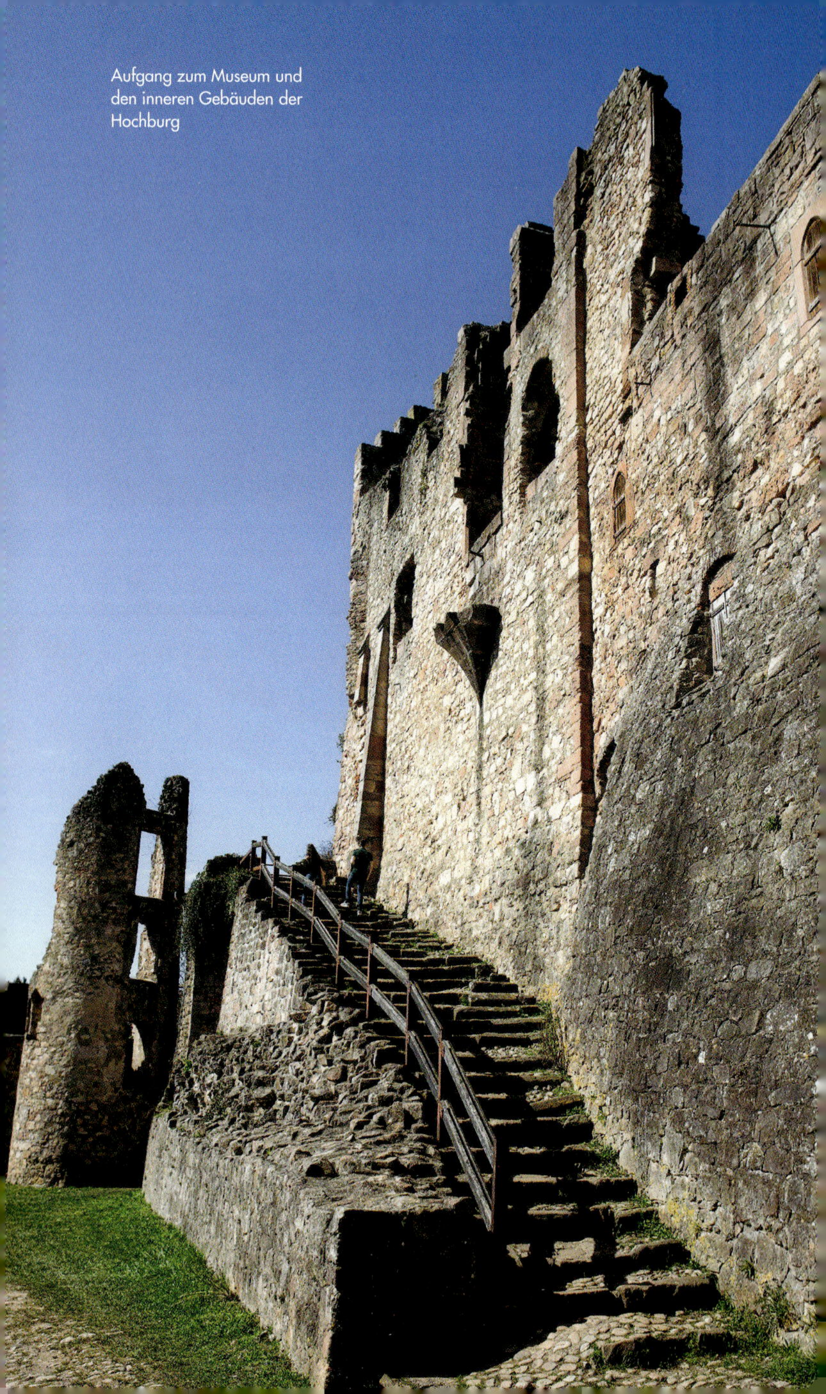

Aufgang zum Museum und den inneren Gebäuden der Hochburg

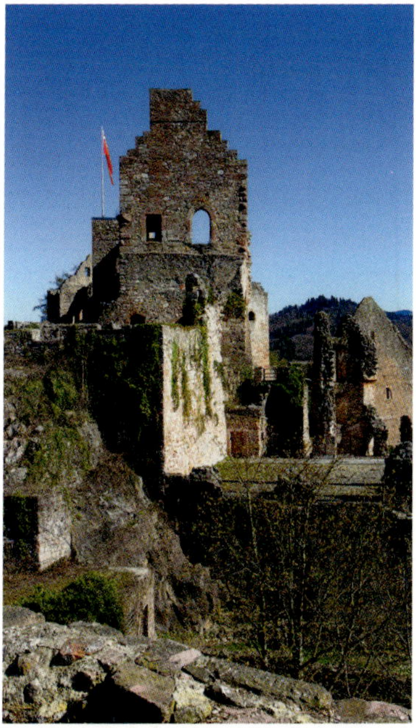

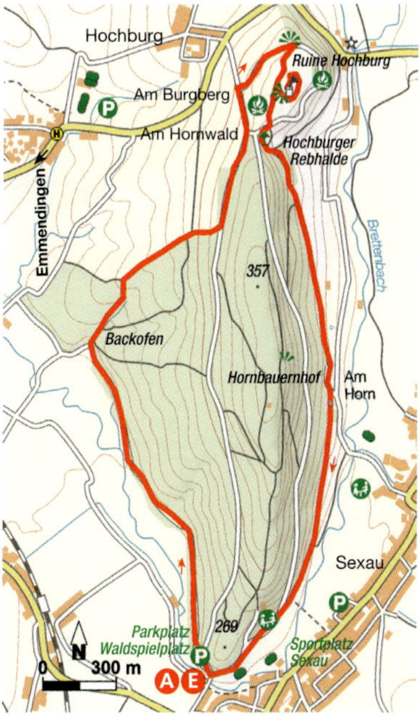

Blick vom südlichen Bollwerk auf die Hochburg

Wenn wir die Hochburg wieder verlassen, orientieren wir uns nach Süden. Noch im Bereich der Festung nutzen wir die Treppe des Sexauer Aufgangs, biegen am Ende der Unterführung erst links und einen Steinwurf weiter rechts zum Wald hin ab. Dort treffen wir auf den Vierburgenweg, dem wir über die Hochburger Rebhalde bis zum Hornbauernhof folgen. Wo sich der Weg gabelt, halten wir uns rechts, sodass wir weiterhin mit der gelben Raute entlang des Waldrands bzw. oberhalb des Brettenbachs wandern. Auf dem letzten Abschnitt führt uns der sehr leicht zu begehende Weg am Sportplatz von Sexau vorbei zurück zum Horneck und zum Parkplatz am Waldspielplatz, wo wir auf eine kurzweilige Runde voller Höhepunkte zurückblicken können.

23 Weinlehrpfad Buchholz

Einem edlen Gewächs auf der Spur

Leicht | 5,2 km | 80 Hm | 1.45 Std.

Tourencharakter: Barrierefreie Runde mit schönen Ausblicken über die Weinberge ins Elztal

Ausgangspunkt/Endpunkt: Parkplatz Am Waldgraben in Buchholz (240 m)

Höchster Punkt: Station Grauer Burgunder (315 m)

Anfahrt: Auto: Von der B 294 Freiburg–Haslach i.K. westlich von Waldkirch auf die L 186 nach Buchholz abfahren. Den Kreisel zur Schwarzwaldstraße verlassen und im Ort auf die Von-Bayer-Straße zum Parkplatz abbiegen.
GPS: 48.0808, 7.9193;
Bus & Bahn: Ab Waldkirch, Emmendingen und Elzach bestehen Zug- und Busverbindungen zu den Haltestellen Buchholz und Buchholz Kirche, Waldkirch.

Einkehr: In Buchholz; schöner Rastplatz

Beste Jahreszeit: Ganzjahrestour

Karte: Karte des Schwarzwaldvereins 1:25 000, W247 Freiburg

Informationen: www.zweitaelerland.de

Der Weinlehrpfad von Buchholz verbindet Einblicke mit Aussichten. Unterwegs erfahren wir Wissenswertes über den Weinbau und können unseren Blick erst über das Elztal und später über die Rheinebene zum Kaiserstuhl und zu den Vogesen schweifen lassen.

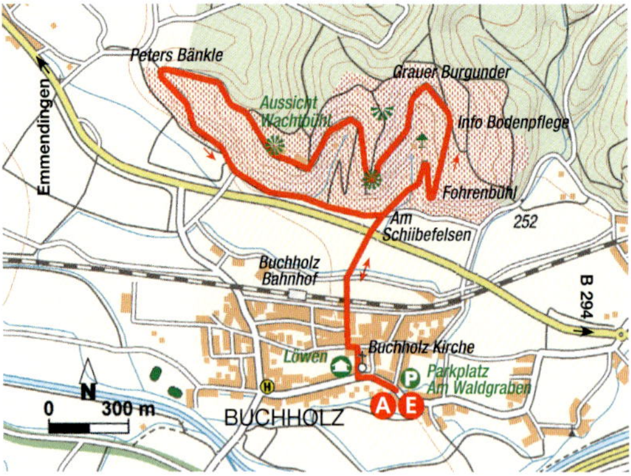

Als Startpunkt gibt der Tourismusverbund ZweiTälerLand das Schützenhaus von Buchholz nördlich der L 186 an. Da sich dieses abseits der Strecke befindet, empfehlen wir den Parkplatz Am Waldgraben in Buchholz. Von dort laufen wir durch die Schwarzwaldstraße bis zur Kirche. Ab dem Gotteshaus können wir dann dem beschilderten Zugang zur Kastelburg-Tour über die Bahnlinie und unter der Landstraße hindurch folgen. Wer mit der Elztalbahn anreist, spart ein paar Meter.

Beim unteren Wegweiser Am Schiibefelse laufen wir in etwa geradeaus weiter. Wir befinden uns hier auf

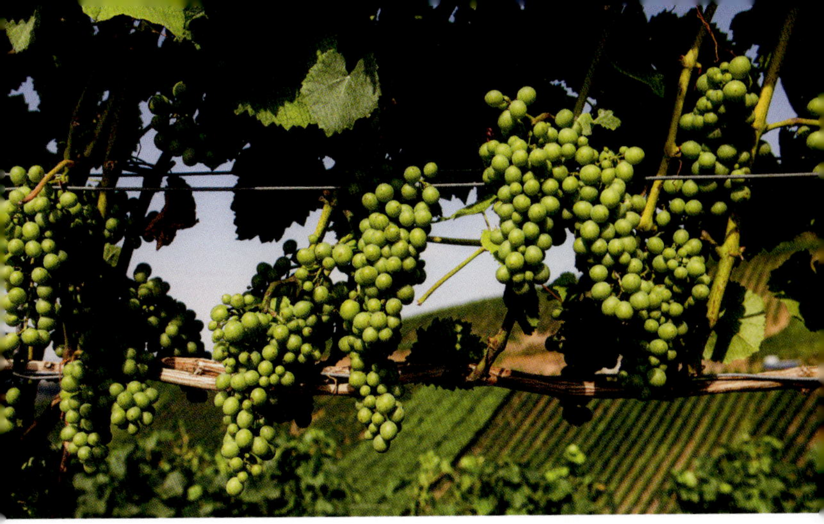

Hier reifen die Buchholzer Reben.

dem Breisgauer Weinweg, der uns an Trockenmauern vorbei in den Weinberg führt. Am zweiten oberen Wegweiser Am Schiibefelse treffen wir auf die Kastelburg-Tour und biegen erst rechts und dann circa 140 Meter weiter bei Fohrenbühl links in Richtung Scheibenbühl ab. Wir folgen dem Breisgauer Weinweg noch ein Stück weit, ehe sich der Weg bei der Tafel mit Infos zur Bodenpflege gabelt. Um auf dem Lehrpfad zu bleiben, müssen wir links abzweigen.

Der Weg steigt noch bis zur Tafel Grauer Burgunder an, schwenkt dann aber nach Süden und führt uns bergab bis zu einem Aussichtspunkt samt Rastbank. Wir bleiben auf dem breiten Weg, der uns durch weitere Kurven hindurch zum Rastplatz und Aussichtspunkt Wachtbühl leitet. Nachdem wir die herrliche Sicht auf den Kaiserstuhl genossen haben, nehmen wir die Passage hin zum Waldrand in Angriff und treffen wieder auf die Kastelburg-Tour. Wo der andere Themenweg links abbiegt, laufen wir jedoch geradeaus weiter, bis auch unser Weg bei Peters Bänkle eine Linkskurve beschreibt und wieder hinunter zum Jägerhaus am Schiibefelse führt. Der Rückweg erfolgt auf bereits bekanntem Weg.

24 Fulenzerweg in Simonswald

Locker entlang der Wilden Gutach

Leicht | 5 km | 40 Hm | 1.30 Std.

Tourencharakter: Sehr einfache fast ebene Strecke entlang der Wilden Gutach und der Untertalstraße

Ausgangspunkt/Endpunkt: Sägeplatz Simonswald (353 m)

Höchster Punkt: Sägeplatz Simonswald (353 m)

Anfahrt: Auto: Von der B 294 Freiburg–Haslach i.K. bei Gutach i.B. nach Simonswald abfahren, weiter auf der L 173 bis zum Sägeplatz nahe dem Rathaus.
GPS: 48.1000, 8.0551;
Bus & Bahn: Ab der S-Bahn-Haltestelle Gutach-Bleibach fährt die Buslinie 7272 zur Haltestelle Simonswald Rathaus.

Einkehr: Deutscher Hof; Café Märchengarten

Beste Jahreszeit: Ganzjahrestour

Karte: Karte des Schwarzwaldvereins 1:25 000, W247 Freiburg

Informationen: www.zweitaelerland.de

Wer das ZweiTälerLand kennt, der weiß: Hier kann man richtig Höhenmeter reißen. So kennen die Wege auf den Kandel nur eine Richtung: steil bergauf. Ganz anders verhält es sich bei unserem Fulenzerweg. Die hier anstehenden Steigungen werden wir kaum spüren.

Beim Ausgangspunkt am Sägeplatz können wir leicht einige Zeit verbringen: Neben zwei restaurierten Mühlen finden wir hier auch eine Minigolfanlage und einen Spielplatz. Ebenfalls ganz in der Nähe, jedoch auf der anderen Seite der Talstraße, verspricht das 2015 modernisierte Freibad von Simonswald Spaß und Spiel für die ganze Familie.

Für die Wanderung nutzen wir zwischen dem Sägeplatz und der Bärenbrücke den Gehweg. Direkt vor der Brücke wechseln wir auf die nördliche Straßenseite und folgen dem Fußweg (Richtung Café Märchengar-

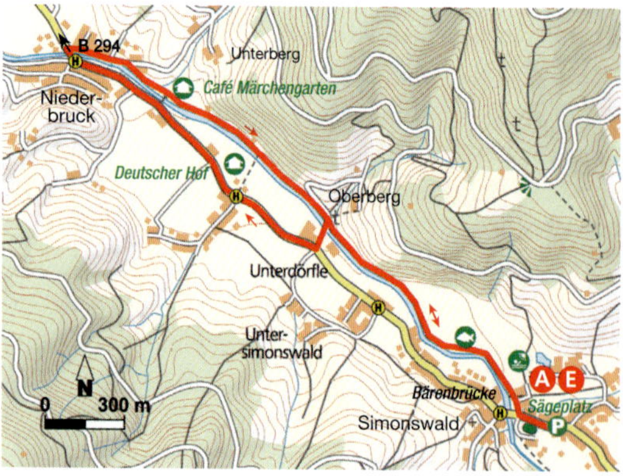

ten) hinunter an die Wilde Gutach. Der Wanderweg verläuft hier zwischen dem Auwaldstreifen und einer Wiese. Schauen wir zurück, reicht der Blick in östlicher Richtung bis zum Höhenzug mit dem Braunhörnle und dem Schultiskopf. Auf der anderen Seite bieten sich verschiedene schöne Perspektiven auf die im Sommer oft lieblich talwärts plätschernde Wilde Gutach.

Café Märchengarten

Der an das Café angeschlossene Märchengarten beherbergt zahlreiche Miniaturbauten mit Motiven aus Märchen der Gebrüder Grimm. Zu den bekanntesten Figuren zählen Schneewittchen, Aschenputtel, Dornröschen und Rapunzel.

Beim Wegweiser Oberberg haben wir die Wahl: Wer den Abschnitt entlang der Landstraße auslassen möchte, läuft einfach geradeaus weiter bis zum Café Märchengarten. Alle anderen biegen links ab, überqueren auf dem Höfeweg die Wilde Gutach und folgen der blauen Raute entlang der L173 zum Deutschen Hof. Mit Sicht auf die pittoreske Kopfrainkapelle bleiben wir noch bis Untersimonswald auf dem Fuß- und Radweg, ehe wir bei Niederbruck die Fußgängerampel nutzen. Rechts ab sind es noch knapp 300 Meter bis zum Café Märchengarten. Für den späteren Rückweg können wir dann einfach dem Wanderweg entlang der Wilden Gutach zurück nach Simonswald folgen.

Die im Sommer gar nicht so wilde Wilde Gutach unterhalb Simonswald

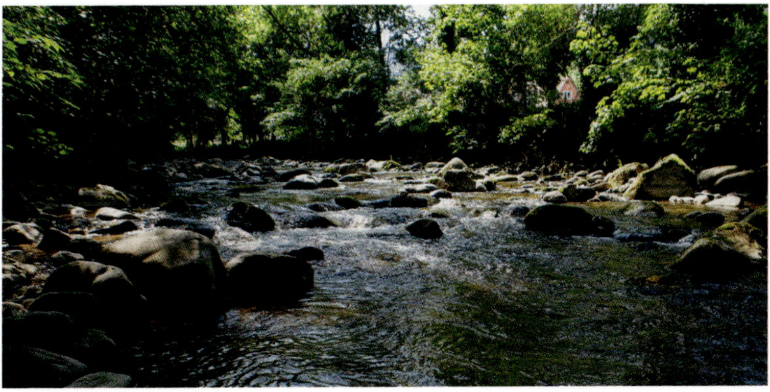

25 Reben unter dem Kandel

Weinwanderung im Glottertal

Leicht | 7 km | 300 Hm | 2.15 Std.

Tourencharakter: Abgesehen von einem steileren Anstieg auf dem Weg zum Schlossdobel eine gemütliche Runde auf landwirtschaftlichen Straßen und Wegen sowie bequemen Waldpfaden.

Ausgangspunkt/Endpunkt: Friedhof Glottertal (325 m)

Höchster Punkt: Unterm Fuchsfelsen (510 m)

Anfahrt: Auto: Von der B 294 Freiburg–Haslach bei Denzlingen auf die L 112 nach Glottertal abfahren und dort von der Talstraße links in den Friedhofweg einbiegen. GPS: 48.0519, 7.9416; Bus & Bahn: Ab dem S-Bahnhof Denzlingen mit der Buslinie 7205 zur Haltestelle Schule, Glottertal. Der Zugang zum Wanderweg erfolgt über den Schurhammerweg.

Einkehr: Gasthaus Eichberg; Wissers Sonnenhof

Beste Jahreszeit: Ganzjahrestour

Karte: Karte des Schwarzwaldvereins 1:25 000, W247 Freiburg

Informationen: www.glottertal.de

Die Fernsehserie »Schwarzwaldklinik« hat das Glottertal weltweit bekannt gemacht. Nahe dem Drehort lernen wir mit dieser eher kurzen Wanderung die Landschaft zwischen dem Kandel und der Glotter von einer ihrer schönsten Seiten kennen.

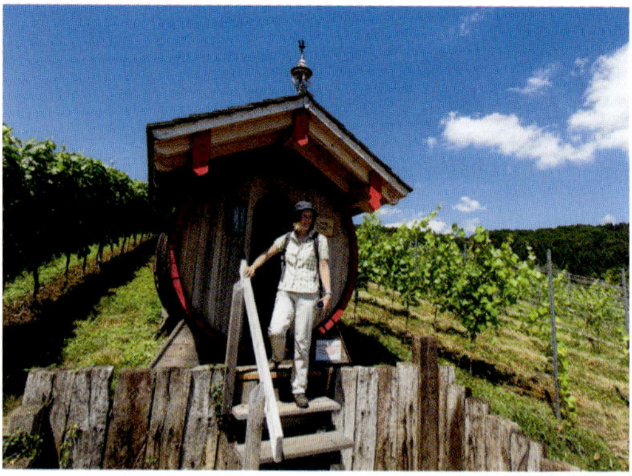

Los geht es beim Parkplatz am Friedhof von Glottertal. Der erste Abschnitt führt uns mit der gelben Raute nach Westen bis zum Schlosshof. Dort biegen wir rechts auf die Schlossstraße ab, ehe wir uns 170 Meter weiter bei der Gabelung links halten. Mit wechselnden Blickrichtungen über die Weinberge gewinnen wir rasch einige Höhenmeter und erreichen bald das Casa Vino. Bei dem begehbaren Weinfass bietet sich uns die erste Möglichkeit für eine Rast.
Einen Katzensprung weiter öffnet sich die Sicht über das untere Glottertal zum Kaiserstuhl. Hier schwenkt der Weg nach Norden und führt uns an den Wald

zum Wegweiser Schlossberg. Wir zweigen rechts zum Stockacker ab, kreuzen erst den Weinberg und dann den Wald und gelangen schließlich entlang einer Wiese mit Himmelsliege zum Schlossdobel. Dort halten wir uns erneut rechts, sodass wir weiter der gelben Raute über »Unterm Fuchsfelsen« zum Rinzberg folgen.

Wir bleiben auf dem breiten Weg in Richtung Eichbergwald. Damit wechseln sich auf dem nächsten Teilstück bewaldete und aussichtsreiche Abschnitte ab und wir können mehrfach unseren Blick über das Tal zum gegenüberliegenden Höhenzug mit dem Brombeerkopf und dem Hochstiegkopf bis hin zu den Ausläufern des Hochschwarzwalds schweifen lassen. Der anschließende Abstieg erfolgt ab dem Wegweiser Eichbergwald zum Sonnenbühl. Ab dort können wir einfach der Beschilderung folgen und erreichen vorbei am Schwimmbad, dem Sportplatz und dem Gasthaus Eichberg den Ausgangspunkt am Friedhofsparkplatz.

Weinbau im Glottertal

Die ersten Reben wurden bereits im 15. Jahrhundert im Glottertal kultiviert. Nach einem Einbruch im 16. und 17. Jahrhundert erlebt der Weinbau seit dem 18. Jahrhundert eine bis heute andauernde Blütezeit.

Linke Seite: Casa Vino

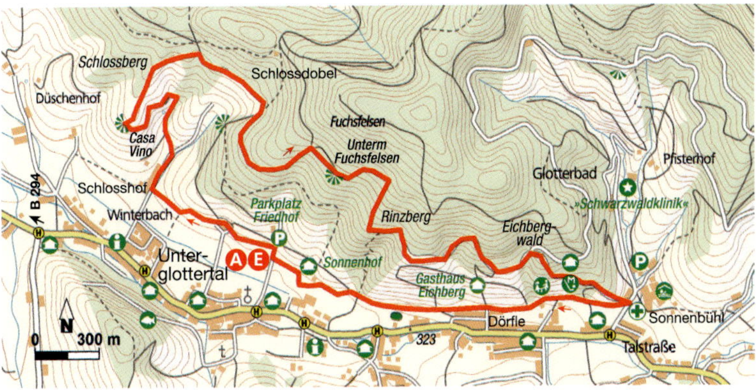

26 Josef-Seger-Weg

Auf dem Kandel

Schwer · 7,2 km · 240 Hm · 2.15 Std.

Tourencharakter: Für den Bereich unterhalb des Großen Kandelfelsens ist Trittsicherheit erforderlich, ansonsten ist es eine mittelschwere Runde auf überwiegend gut angelegten Waldpfaden.

Ausgangspunkt/Endpunkt: Kandel Berghotel (1202 m)

Höchster Punkt: Kreuzacker (1202 m)

Anfahrt: Auto: Über die B294 Freiburg–Freudenstadt bis Waldkirch und weiter über die L186 (Kandelstraße) bis zum Berghotel, Parkplätze gibt es entlang der Passstraße. GPS: 48.0654, 8.0160; Bus & Bahn: Ab dem S-Bahnhof Denzlingen fährt die Buslinie 7205 zur Haltestelle Kandel Rasthaus, Waldkirch mit Umstieg in Unterwasser, St. Peter.

Einkehr: Imbiss auf der Passhöhe; Gummenhofhütte

Beste Jahreszeit: April bis Oktober

Karte: Karte des Schwarzwaldvereins 1:25 000, W247 Freiburg

Informationen: www.zweitaelerland.de

Josef Seger hat Mitte des 20. Jahrhunderts als Forstamtsleiter und Vorsitzender des Waldkircher Schwarzwaldvereins das Wandern auf dem Kandel vorangetrieben. Ihm hat die Ferienregion ZweiTälerLand die Kandel-Tour gewidmet.

Der offizielle Einstieg befindet sich bei den Parkplätzen auf der Passhöhe bei der Kandelwiese. Am Kandelhotel vorbei kommen wir zu einer Gabelung, an der es geradeaus zur Gipfelpyramide auf dem Kandel ginge. Wir jedoch halten uns links, sodass wir in einem Bogen zum Wegweiser Kreuzacker gelangen. Dort biegen wir erst links und 300 Meter weiter beim

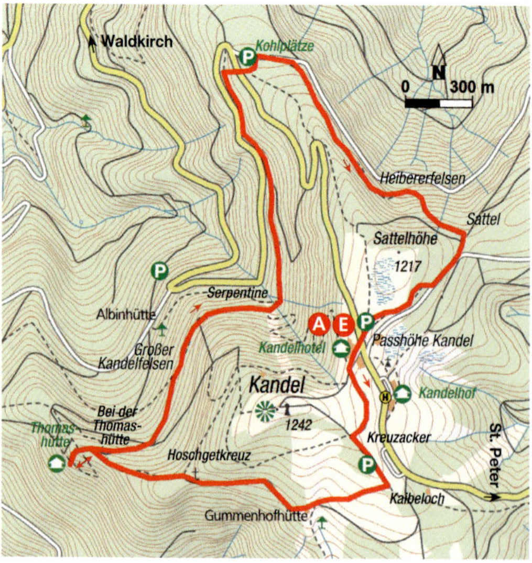

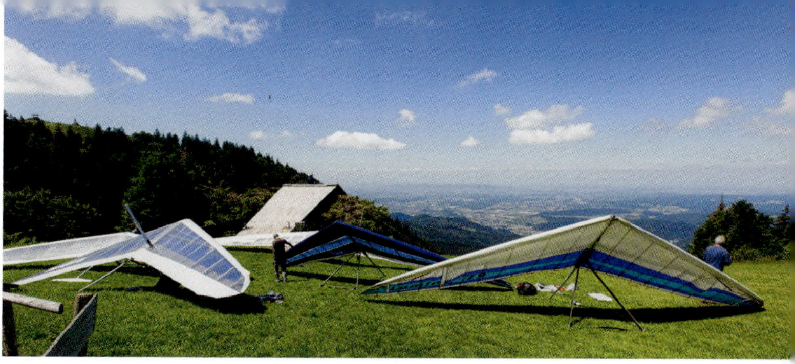

Drachenflieger kurz vor dem Start auf dem Kandel

Kaibeloch rechts ab. Der Josef-Seger-Weg führt uns nun weg von der Straße und durch einen schmalen Waldstreifen zur Gummenhofhütte. Mit etwas Glück – was uns bei mehreren Besuchen bislang jedoch verwehrt blieb – hat diese geöffnet und bietet uns Gelegenheit zur Einkehr.

Ansonsten wandern wir einfach weiter geradeaus und am Hoschgetkreuz vorbei zum Wegweiser Bei der Thomashütte. Der 200 Meter lange Abstecher zur Thomashütte lohnt sich: Auf der Rückseite der kleinen Hütte finden wir einen urigen Vesperplatz samt Tisch und imposanter Aussicht über das Glottertal, auf den Schauinsland und das Feldbergmassiv. Zurück beim letzten Wegweiser führt uns der Josef-Seger-Weg mit der gelben Raute abwärts bis zur Kreuzung mit einem anderen Weg, an der wir uns rechts halten. Dann geht es auf schmalem Pfad zum Großen Kandelfelsen und dem Felssturz vom 1. Mai 1981.

Von der bis dato weitgehend freien Schneise kommen wir zur Serpentine. Wer möchte, kann dort rechts abbiegen und so über die steile Nordseite hoch auf den Kandel steigen. Um auf dem Josef-Seger-Weg zu bleiben, folgen wir hingegen der Beschilderung zunächst oberhalb der L186 und dann über diese hinweg bis zum Parkplatz Kohlplätze. Ab dort geht es über die Sautränke zum Heibererfelsen, einem weiteren Aussichtspunkt, ehe wir über den Wegweiser Sattel zurück zur Passhöhe wandern.

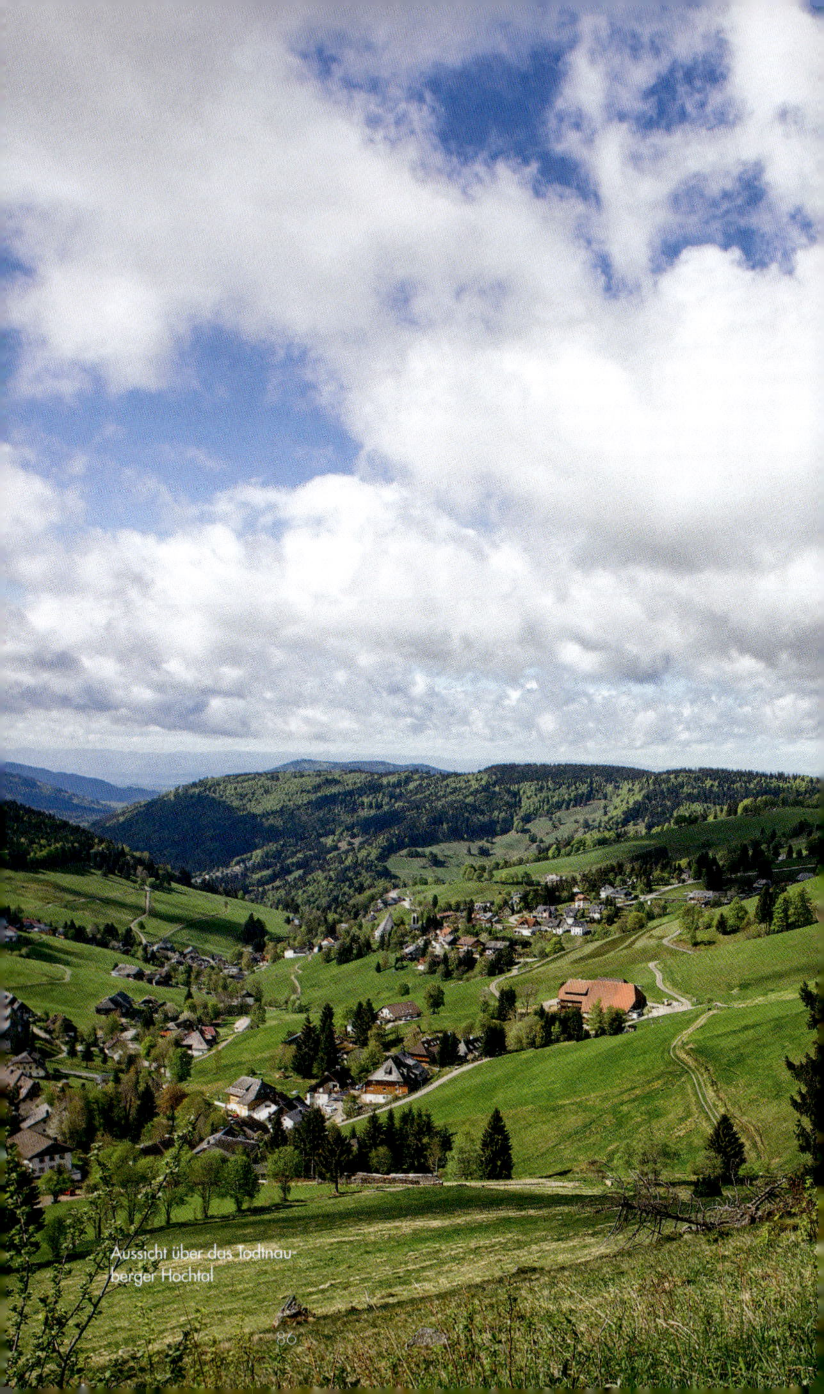

Aussicht über das Todtnauberger Hochtal

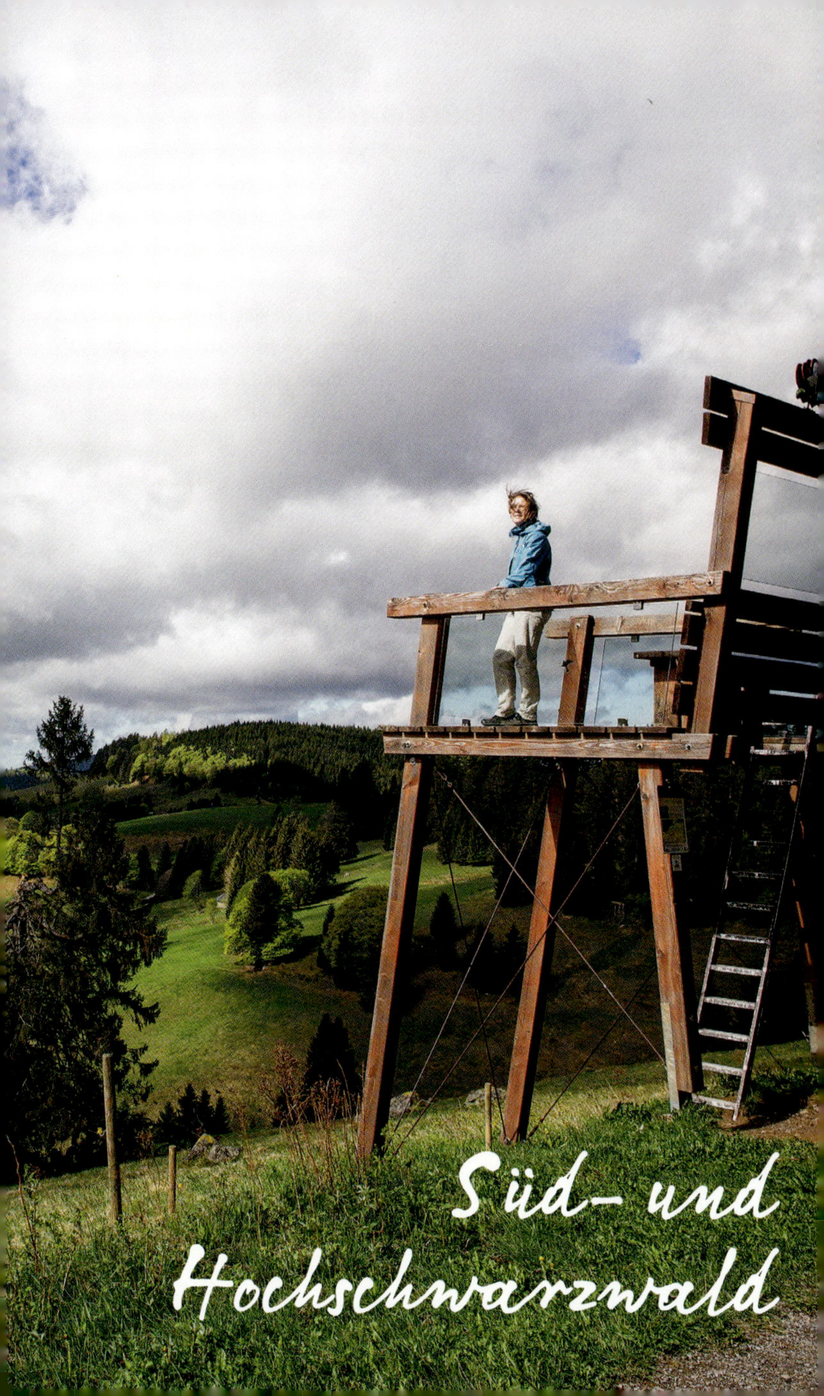

Süd- und Hochschwarzwald

27 Roßbergrunde

Sonne tanken in Breitnau

Leicht	5 km	170 Hm	1.45–2 Std.

Tourencharakter: Technisch anspruchslose und sonnige Runde mit einigen schönen Ausblicken über die Kuppen und Gipfel im Hochschwarzwald

Ausgangspunkt/Endpunkt: Wanderparkplatz Breitnau (1013 m)

Höchster Punkt: Westlich Rossberg (ca. 1100 m)

Anfahrt: Auto: Von der B 500 Hinterzarten–Triberg beim Gasthaus Löwen nach Breitnau abfahren und weiter auf der Dorfstraße und dem Kirchweg bis zum Wanderparkplatz fahren. GPS: 47.9398, 8.0784; Bus & Bahn: Ab Hinterzarten und Kirchzarten bestehen Busverbindungen zur Haltestelle Kirche Breitnau.

Einkehr: Naturfreundehaus Breitnau, Mi–So ab 11 Uhr, www.naturfreundehaus-breitnau.de

Beste Jahreszeit: April bis Oktober

Karte: Karte des Schwarzwaldvereins 1:25 000, W258 Titisee-Neustadt

Informationen: www.hochschwarzwald.de

Die Gemeinde Breitnau sieht sich selbst als familienfreundlichen Luftkurort. Dem ist nichts hinzuzufügen – außer vielleicht die tolle Aussicht über das Hochtal zum Feldberg im Süden, dem Kandel im Norden und überhaupt.

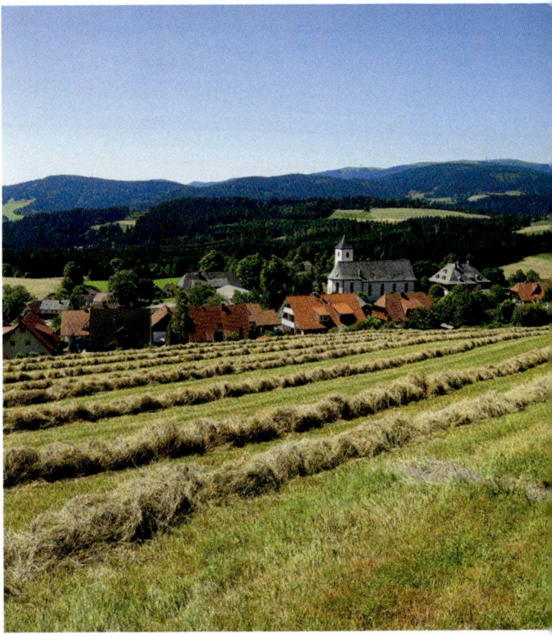

Vom Wanderparkplatz bei der Kirche und dem Schwimmbad begeben wir uns auf den Fußweg hoch zum Panoramaweg. Dort halten wir uns kurz links, ehe wir rechts zum Roßberg abbiegen und dem mit

gelber Raute gekennzeichneten Weg durch aussichtsreiche Wiesen bergauf zum Waldrand folgen. Weiter geht es in nördlicher Richtung am Umsetzer Roßberg vorbei. Wenige Schritte weiter schwenkt der Wanderweg nach Nordwest und führt uns in den Wald, wo wir nach rund 400 Metern rechts auf einen anderen Weg abbiegen. Dieser bringt uns in einem Bogen an den idyllisch am Waldrand gelegenen Hugenweiher (beim Wegweiser oberhalb des Weihers links).

Ravennaschlucht

Die Ravennaschlucht ist die bekannteste Attraktion von Breitnau. Sie verbindet das Hochtal mit dem Höllental. Eine einfache Tour durch die Schlucht haben wir in »Mystische Pfade Schwarzwald« (Bruckmann Verlag) beschrieben.

Ab dem Weiher führt uns der Weg wieder über offene Wiesen zum Wegweiser Oberer Fahrenberg. Es geht erneut nach links und auf dem Höhenweg zwischen dem Beckenbauernhof zu unserer Rechten und dem Bräsibauernhof links des Wegs zum Naturfreundehaus Breitnau. Das auf 1060 Metern gelegene Haus lockt mit einfachen Gerichten wie Bauernbratwurst und Schnitzel mit Salat oder Brägele sowie hausgemachten Kuchen. Die herrliche Umgebung auf dem Bergrücken gibt es gratis obendrauf.

Linke Seite: Blick über Breitnau zum Feldberg

Für den Rückweg nutzen wir den Weg, der von der Zufahrt auf die Südseite des Naturfreundehauses führt. Mit der gelben Raute geht es zunächst bergan durch den Wald und dann mit schöner Aussicht am Waldrand entlang. Schließlich kommen wir in einem Bogen um den Wald herum über »Schanz Waldeck« zum Schanzenhäusle. Ab dort können wir einfach der Straße hinunter nach Breitnau folgen, wo diese kurze und kurzweilige Runde endet.

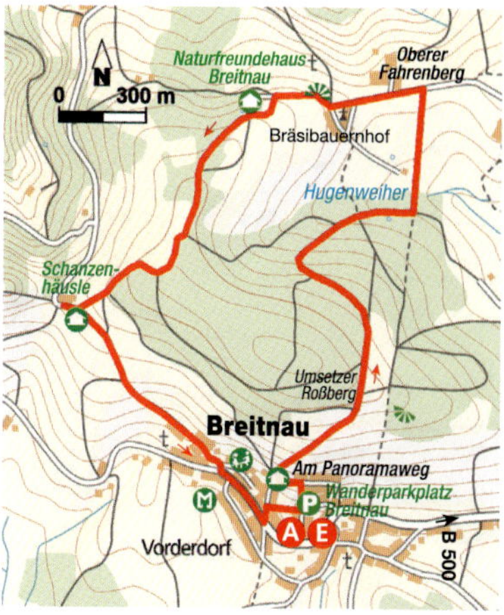

28 Schauinsland

Auf dem Erzkastenrundweg

Mittel | 4,5 km | 250 Hm | 1.45–2 Std.

Tourencharakter: Reizvolle Bergwanderung, die im Aufstieg zum Schauinslandturm etwas Trittsicherheit erfordert und uns schöne Weitblicke eröffnet.

Ausgangspunkt/Endpunkt: Parkplatz Bergstation (1200 m)

Höchster Punkt: Schauinsland (1280 m)

Anfahrt: Auto: Von Todtnau oder Freiburg über die L 126 bzw. L 124 bis zum Parkplatz der Bergstation direkt an der Landstraße. Vorsicht beim Ausparken!
GPS: 47.9085, 7.8922;
Bus & Bahn: –

Einkehr: Restaurant Die Bergstation, täglich ab 9.30 Uhr, www.diebergstation.de

Beste Jahreszeit: April bis November

Karte: Karte des Schwarzwaldvereins 1:25 000, W257 Schönau

Informationen: www.dreisamtal.de

Der Hausberg von Freiburg ist auch als Erzkasten bekannt. Grund dafür sind die Silbervorkommen, welche den Freiburgern im Mittelalter Reichtum und Wohlstand bescherten. Heute führt uns der Erzkastenrundweg zu markanten Punkten auf dem Schauinsland.

Der erste Abschnitt der Runde führt vom Parkplatz der Bergstation über einen Fahrweg zum Museumsbergwerk. Der Zugang ist im Rahmen einer Führung (Mi, Sa und So 11 Uhr und 15 Uhr) möglich. Am Ende der Zufahrt verjüngt sich unser Weg zu einem Pfad, dem wir über zwei Kehren durch den Wald folgen. Am unteren Waldrand ginge es links direkt zum Engländerdenkmal. Wir jedoch biegen rechts ab und erreichen damit bald einen Rastplatz mit Kneipp-Becken. Rund 180 Meter zweigen wir scharf nach links zum Schniederlihof ab, der als typischer Vertreter des Schauinslandhauses gilt und heute ebenfalls als Mu-

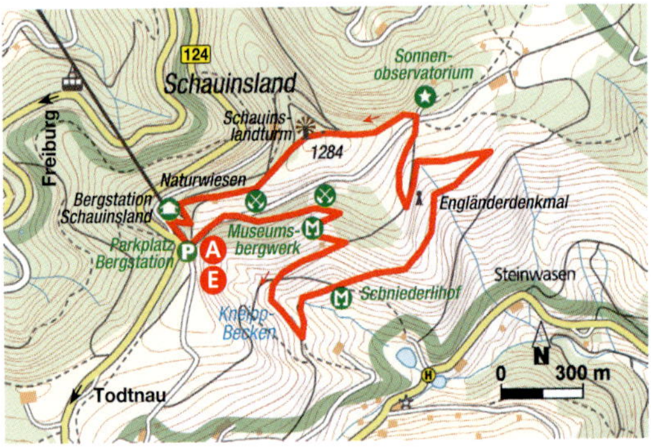

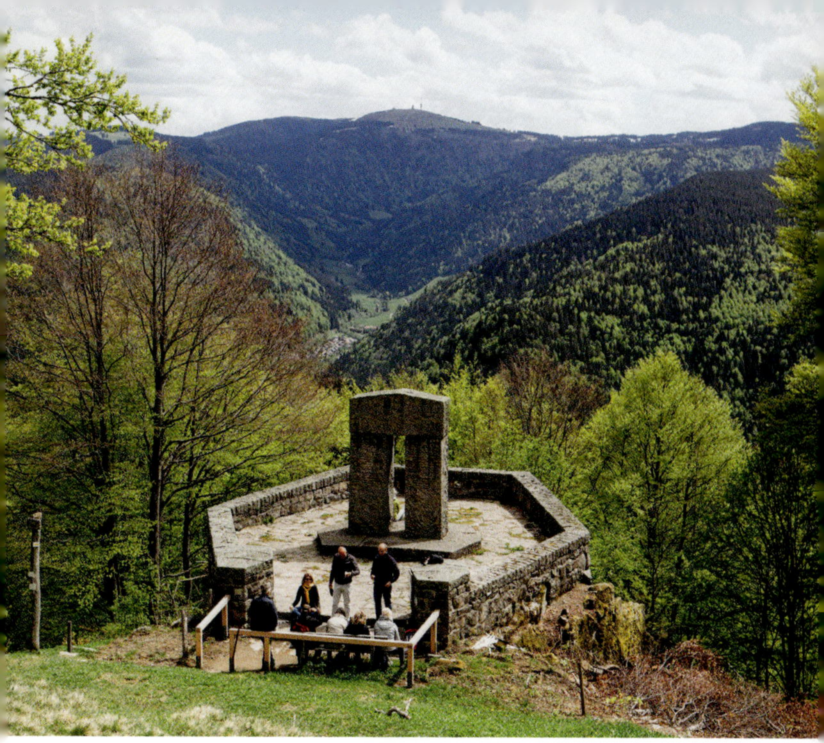

seum geführt wird. Von Mai bis Oktober kann er besichtigt werden, die Führung dauert etwa 45 Minuten. Oberhalb des Schniederlihofs gabelt sich der Weg. Wir wenden uns nach links und wandern nun wieder bergauf durch einen lichten Wald mit knorrig gewachsenen Buchen. Wo wir nach knapp 800 Metern (ab dem Hof) zu einer Wegkreuzung kommen, geht es schließlich scharf links zum Engländerdenkmal Hofsgrund. Es erinnert an eine englische Schulklasse, die sich am 17. April 1936 trotz Regen und Graupelschauer auf den Weg zur Jugendherberge am »Radschert« bei Todtnauberg machte. Auch die Warnungen von Einheimischen konnten die ungenügend bekleideten Jungen

Das Engländerdenkmal erinnert an die Geschehnisse vom 17. April 1936.

Schatz im Silberberg

Seit 1975 wird der Barbarastollen des Bergwerks als Lager für auf Filmrollen kopierte Archivalien genutzt. Der Stollen gilt als der größte Aufbewahrungsort zur Langzeitarchivierung in Europa.

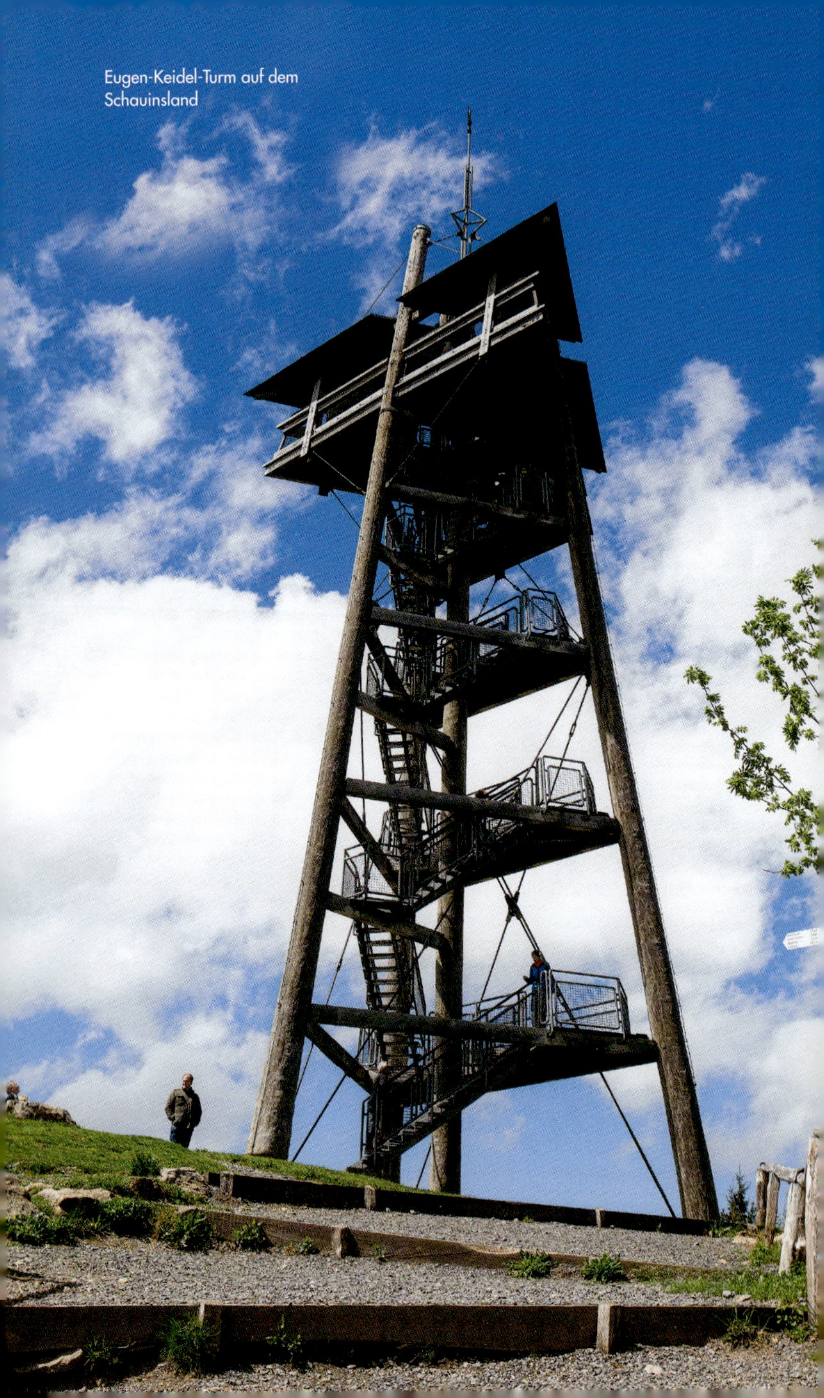

Eugen-Keidel-Turm auf dem Schauinsland

nicht zur Umkehr bewegen und so nahm das Unheil seinen Lauf: Im dichten Nebel und bei heftigem Schneefall verloren sie die Orientierung und irrten schließlich – entgegen ihrer eigentlichen Laufrichtung – entlang der Kappeler Wand umher. Für fünf der 27 Schüler endete das Unterfangen tödlich.

Der weitere Aufstieg erfolgt ab dem Engländerdenkmal rechts über Weidfelder auf die Ostflanke vom Schauinsland. Dort biegen wir auf Höhe des Sonnenobservatoriums links ab und wandern entlang der Kappeler Wand hinauf zum Schauinslandgipfel. Wer sich die 90 Stufen auf den Schauinslandturm (auch Eugen-Keidel-Turm) hinaufkämpft, erkennt im Osten den Toten Mann, den Baldenweger Buck und den Feldberggipfel. Wenden wir uns nach Westen, reicht unser Blick zum Blauen Band der Vogesen. Im Norden sind der Kandel und die 87 Kilometer entfernte Hornisgrinde zu sehen. Im Süden schließlich reihen sich bei günstigen Verhältnissen die Gipfel der Alpen aneinander.

Sowie wir uns satt gesehen haben, folgen wir der Beschilderung und der blauen Raute durch den Wald zum Wegweiser Naturwiesen. Ab dort erfolgt der weitere Rückweg wahlweise an der Bergstation vorbei oder mit der gelben Raute über den reizvollen Treppenweg direkt zum Parkplatz der Bergstation.

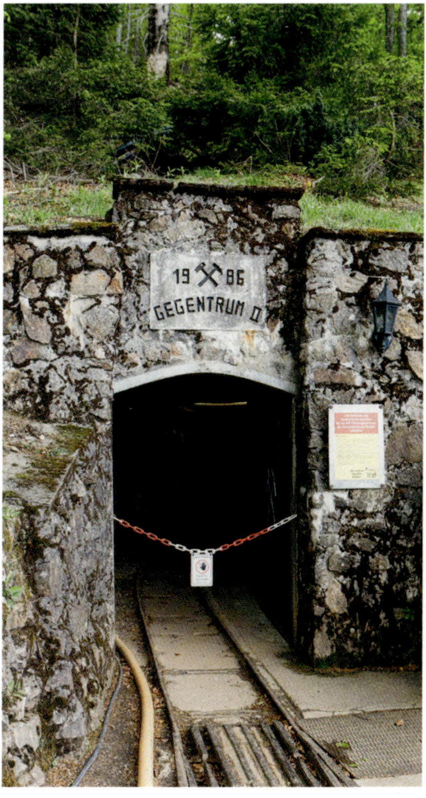

Heutiger Eingang in das Museumsbergwerk im Silberkasten

29 Todtnauer Wasserfälle

Aufstieg ab Todtnau zum Naturschauspiel

Mittel | 6,2 km | 380 Hm | 2.30 Std.

Tourencharakter: Die Strecke steigt zunächst etwas stärker an, später verläuft sie dann über sanft ansteigende Waldwege und Pfade hoch zum Todtnauer Wasserfall. Ab dort ist es ein barrierefreier Weg zum Kiosk am Wasserfall.

Ausgangspunkt/Endpunkt: Touristinformation Todtnau (647 m)

Höchster Punkt: Todtnauer Wasserfall (870 m)

Anfahrt: Auto: Über die B317 Lörrach–Feldberg bis Todtnau, im Ort zum Parkplatz in der Franz-Josef-Faller-Straße abbiegen. GPS: 47.8291, 7.9447; Bus & Bahn: Ab den Bahnhöfen Titisee, Kirchzarten und Zell sowie dem Busbahnhof Schopfheim fahren Busse zum Busbahnhof Todtnau. Der Zugang erfolgt über die Meinrad-Thoma-Straße.

Einkehr: Kiosk am Wasserfall; in Todtnau

Beste Jahreszeit: April bis Oktober

Karte: Karte des Schwarzwaldvereins 1:25 000, W257 Schönau

Informationen: www.hochschwarzwald.de/Todtnau

Mit 97 Metern Gesamtfallhöhe zählen die Todtnauer Wasserfälle zu den höchsten deutschen Wasserfällen außerhalb der Alpen. Die höchste der fünf Fallstufen ist mit 60 Metern angegeben – das ist Spitze im Schwarzwald. Freuen wir uns darauf!

Ab der Touristinformation von Todtnau geht es durch die Meinrad-Thoma-Straße zum Marktplatz und dann links durch die Friedrichstraße zur neoromani-

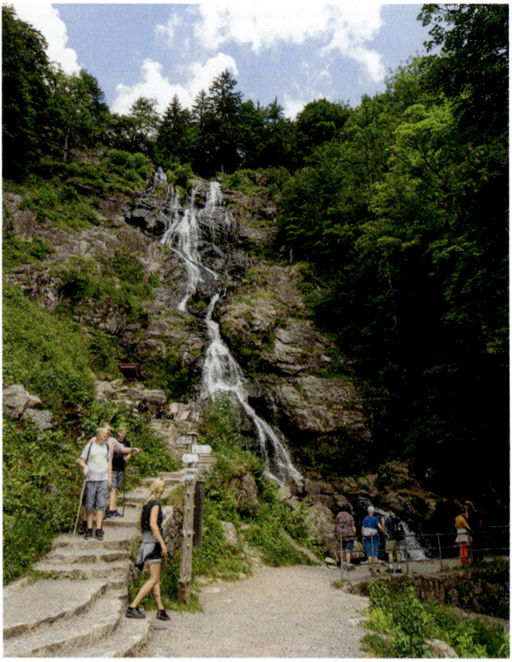

schen Kirche St. Johannes Baptist. Rechts der Kirche führen mehrere Wege bergan bis hoch auf den Hohweg. Wer sich für die in der Karte eingetragene Variante entscheidet, kommt im Anstieg an einer aus Mosaiksteinen gebildeten Erdkugel vorbei. Beim Wegweiser Hohweg trennen uns noch 1,6 Kilometer von den Todtnauer Wasserfällen. Wir folgen dem ansteigenden Pfad durch den Wald. Nachdem wir einen Aussichtspunkt mit Blick über Todtnau sowie etwas weiter einen Abzweig auf den Alfred-Müller-Weg passiert haben, schwenkt der Weg allmählich nach Norden. Schließlich gibt eine Lücke zwischen den Bäumen erstmals den Blick auf die Hauptkaskade der Wasserfälle frei. Im weiteren Verlauf kreuzt ein anderer Weg den unseren: Wir halten uns schräg rechts, sodass wir auf den leicht ansteigenden Pfad wechseln. 50 Meter weiter entscheiden wir uns für den Weg links und wandern dann auf das Rauschen zu. Der Zugang von dieser Seite zu den Wasserfällen führt an einem Stempelkasten vorbei (Tipp).

Für die Todtnauer Wasserfälle sollten wir reichlich Zeit einplanen. So laden im Bereich der unteren Kaskade Liegen, Bänke und ein Pavillon zum Verweilen und Genießen ein. Sowie wir uns satt gesehen haben, sind es noch 450 Meter bis zum Kiosk am Wasserfall, dem Umkehrpunkt dieser Tour. Oder wir folgen der Straße hinunter zur Haltestelle in Aftersteg und fahren mit dem Bus zurück nach Todtnau.

Wanderpass

Die Touristinformationen im Hochschwarzwald geben gegen einen geringen Unkostenbeitrag ein Urlaubstagebuch mit dem darin enthaltenen Wanderpass aus. Wer dieses noch nicht hat, kann den Stempel nachtragen lassen. Als Beweis genügt ein Selfie mit dem Stempelkasten.

Linke Seite: Die Todtnauer Wasserfälle zählen zu den Besuchermagneten im Hochschwarzwald.

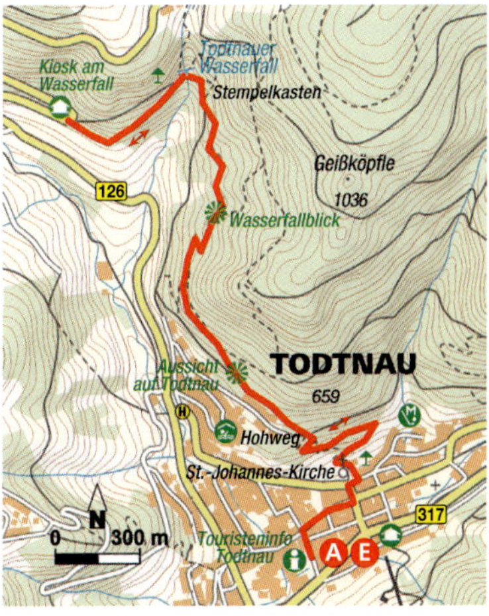

30 Martin-Heidegger-Weg

Ein- und Aussichten über Todtnauberg

Leicht | 6,4 km | 180 Hm | 2.30 Std.

Tourencharakter: Abwechslungsreiche Höhenwanderung zwischen Todtnauberg und dem Stübenwasen auf meist angenehmen Wegen

Ausgangspunkt/Endpunkt: Parkplatz Radschert (1156 m)

Höchster Punkt: Stübenbächle (1221 m)

Anfahrt: Auto: Von der L126 Todtnau–Freiburg zwischen Aftersteg und Muggenbrunn nach Todtnauberg abbiegen und im Ort von der Kurhausstraße links zum Parkplatz am Ende der Radschertstraße abzweigen. GPS: 47.8592, 7.9395; Bus & Bahn: Es bestehen Busverbindungen ab Kirchzarten und Todtnau zur Haltestelle Todtnauberg, Rathaus. Der Zuweg erfolgt über die Radschertstraße.

Einkehr: In Todtnauberg; sehr schöne Rastplätze

Beste Jahreszeit: April bis Oktober

Karte: Karte des Schwarzwaldvereins 1:25 000, W257 Schönau

Informationen: www.hochschwarzwald.de/Todtnau

Todtnauberg ist als ruhiger und idyllischer Ferienort bekannt. Dies wusste bereits Martin Heidegger zu schätzen. Der als Eigenbrötler beschriebene Philosoph fand hier die nötige Ruhe zum Denken und Schreiben. Ihm ist dieser abwechslungsreiche Rundweg gewidmet.

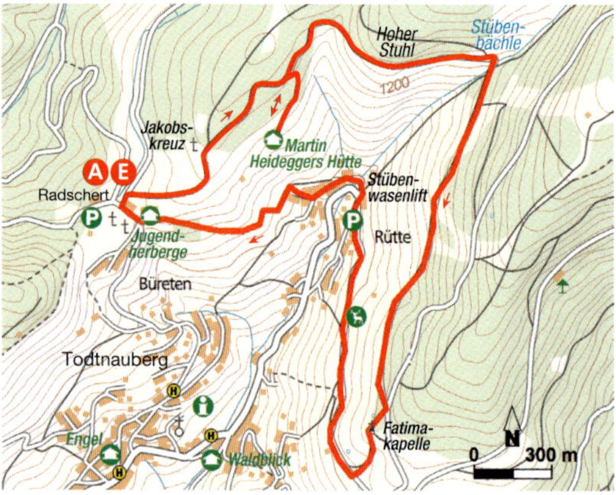

Wir gehen die Runde im Uhrzeigersinn, womit wir vom Wegweiser und Infopavillon auf dem Radschert der blauen Raute zum Jakobskreuz folgen. Bei dem Pilgerkreuz wechseln wir halbrechts auf den mit gelber Raute markierten Weg. 450 Meter weiter ist ein Abstecher zur Hütte Heideggers möglich, die 1922 vom Ehepaar Heidegger bezogen wurde und sich bis dato im Familienbesitz befindet.

Weiter geht es durch das Quellgebiet des Lachengründle zum Hohen Stuhl. Dahinter verbirgt sich

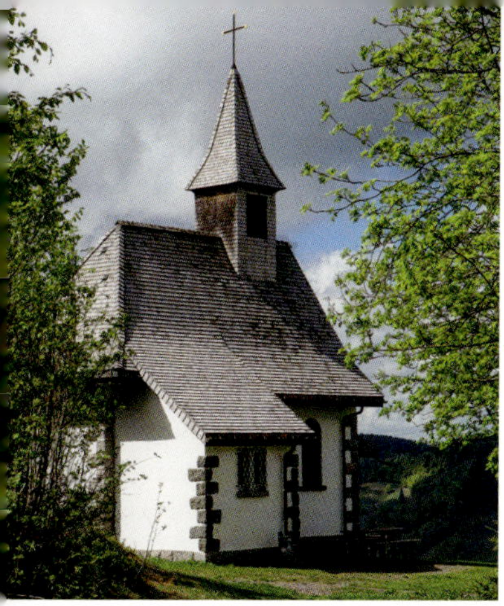

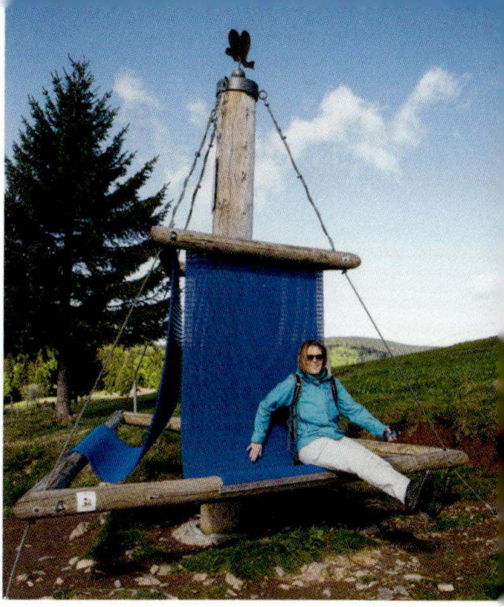

ein überdimensionierter Stuhl, der über eine Leiter begehbar ist. Als Nächstes erreichen wir den Landsitz Alpenblick. Hier sind mehrere drehbare Sitzgelegenheiten als Vogelhäuschen gestaltet. Bei klarer Luft reicht die Sicht über Todtnauberg bis zu den Alpen. Gleich danach überqueren wir das Stübenbächle. Der Themenweg schwenkt hier nach Südsüdwest und verläuft überwiegend am Waldrand, kreuzt aber mehrere Skipisten. Beim Kapellenlift zweigen wir halbrechts ab und queren einen schmalen Waldstreifen, ehe wir die herrlich gelegene Fatimakapelle erreichen.

Links: Fatimakapelle oberhalb Todtnauberg

Rechts: Diese Sitzmöglichkeit ist nur eine von vielen schönen Ideen am Wegrand.

Für den anschließenden Abstieg nach Todtnauberg halten wir uns auf der anderen Seite der Kapelle rechts und 200 Meter weiter erneut rechts, sodass wir dem hier breiten Weg zum Stübenwasenlift folgen. Mit der Beschilderung des Rundwegs überqueren wir erneut den Stübenbach und gelangen auf der Bergseite am Café Glöcklehof vorbei zur Jugendherberge. Dort trennen uns rechts nur noch wenige Meter vom Ausgangs- und Endpunkt dieser unterhaltsamen Tour.

Martin Heidegger

Martin Heidegger (1889–1976) war nach seiner Promotion im Jahr 1913 als Privatdozent, Professor und Rektor der Universität Freiburg tätig. Durch seine zum Teil in Todtnauberg entstandenen Werke gilt er als einer der einflussreichsten Philosophen des 20. Jahrhunderts, ist durch seine Mitgliedschaft in der NSDAP von 1933 bis 1945 aber bis heute umstritten.

31 Feldberg

Von der Passhöhe auf den Höchsten

Mittel | 8,5 km | 370 Hm | 3 Std.

Tourencharakter: Mittelschwere Bergwanderung auf gut ausgebauten Wegen und Pfaden, die festes Schuhwerk erfordern, dann aber gut machbar sind. Die Nutzung der Feldbergbahn ist beim Abstieg möglich.

Ausgangspunkt/Endpunkt: Feldbergpass (1233 m)

Höchster Punkt: Feldberg (1493 m)

Anfahrt: Auto: Über die B31 Freiburg–Donaueschingen bei Titisee auf die B317 Richtung Lörrach abfahren und weiter bis zur Passhöhe fahren. GPS: 47.8567, 8.0308; Bus & Bahn: Es bestehen Busverbindungen ab Titisee und Todtnau zur Haltestelle Feldberg Hebelhof direkt auf der Passhöhe.

Einkehr: Todtnauer Hütte; im Umfeld vom Feldberger Hof

Beste Jahreszeit: Mai bis Oktober

Karte: Karte des Schwarzwaldvereins 1:25 000, W258 Titisee-Neustadt

Informationen: www.hochschwarzwald.de/Feldberg

Der Feldberg ist einer der Besuchermagneten im Hochschwarzwald. Unsere Tour führt von Süden durch das Quellgebiet der Menzenschwander Alb zur Todtnauer Hütte. Ab dort erfolgt der Aufstieg zum Gipfel auf der landschaftlich reizvolleren Seite des Massivs.

Vom Wegweiser auf der Passhöhe nahe dem Hebelhof erfolgt der erste Anstieg mit der gelben Raute durch den nach oben lichter werdenden Bergwald zum Wiesentalblick. Tatsächlich liegen uns dort weite Teile des oberen Wiesentals zu Füßen. Bei guter Fernsicht reihen sich außerdem im Süden die Gipfel der Alpen

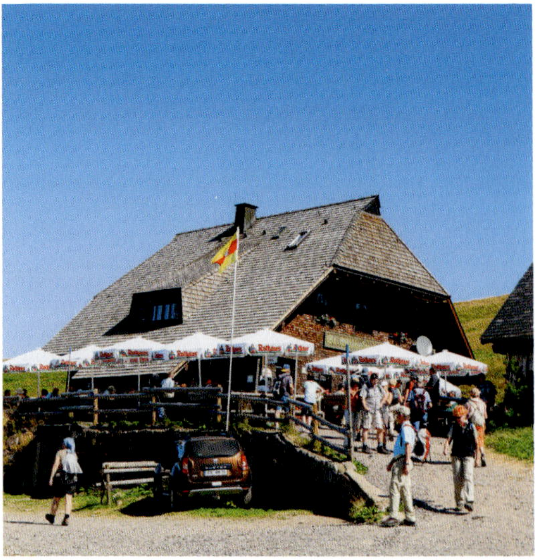

aneinander. Fast direkt südlich von uns ist mit etwas Glück sogar der Mont Blanc im französisch-italienischen Grenzgebiet zu erkennen – mit 4810 Metern überragt der höchste Berg der Alpen den Feldberg um mehr als das Dreifache!

Für den nächsten Abschnitt halten wir uns bei der Weggabelung links und folgen dem Weg mit den Rastbänken mal am Waldrand, mal über offene Wiesen, zur Todtnauer Hütte. Diese ist auch im Winter zu erreichen und bietet ihren Gästen regionale Gerichte aus Betrieben der umliegenden Gemeinden. Ob zünftige Vesper mit Schinken und Speck aus Schönau, deftige Eintöpfe oder hausgemachte Kuchen, hier kommen Leckermäuler voll auf ihre Kosten. Beliebt ist auch die nach Süden ausgerichtete Sonnenterrasse. An kühlen oder windigen Tagen verwandeln mehrere Glasbauteile diese in einen lichtdurchfluteten Wintergarten, in dem es sich dann immer noch gut aushalten lässt.

Linke Seite: Die Sankt Wilhelmer Hütte auf der Westseite des Feldbergs

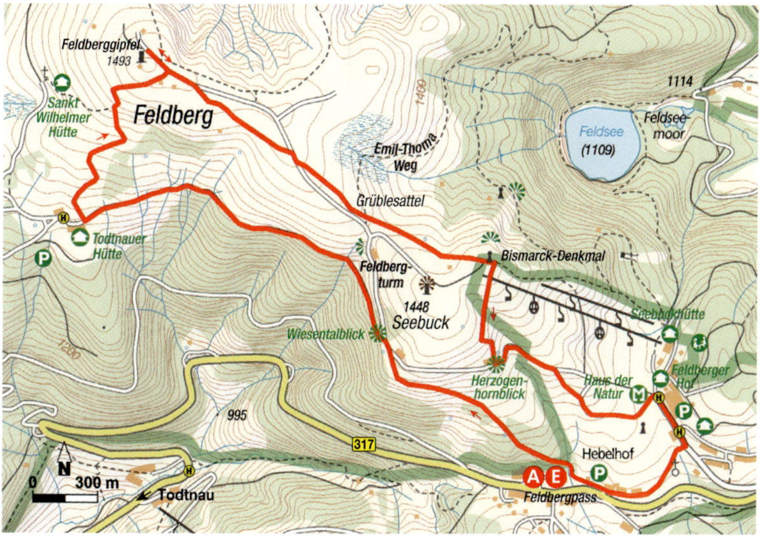

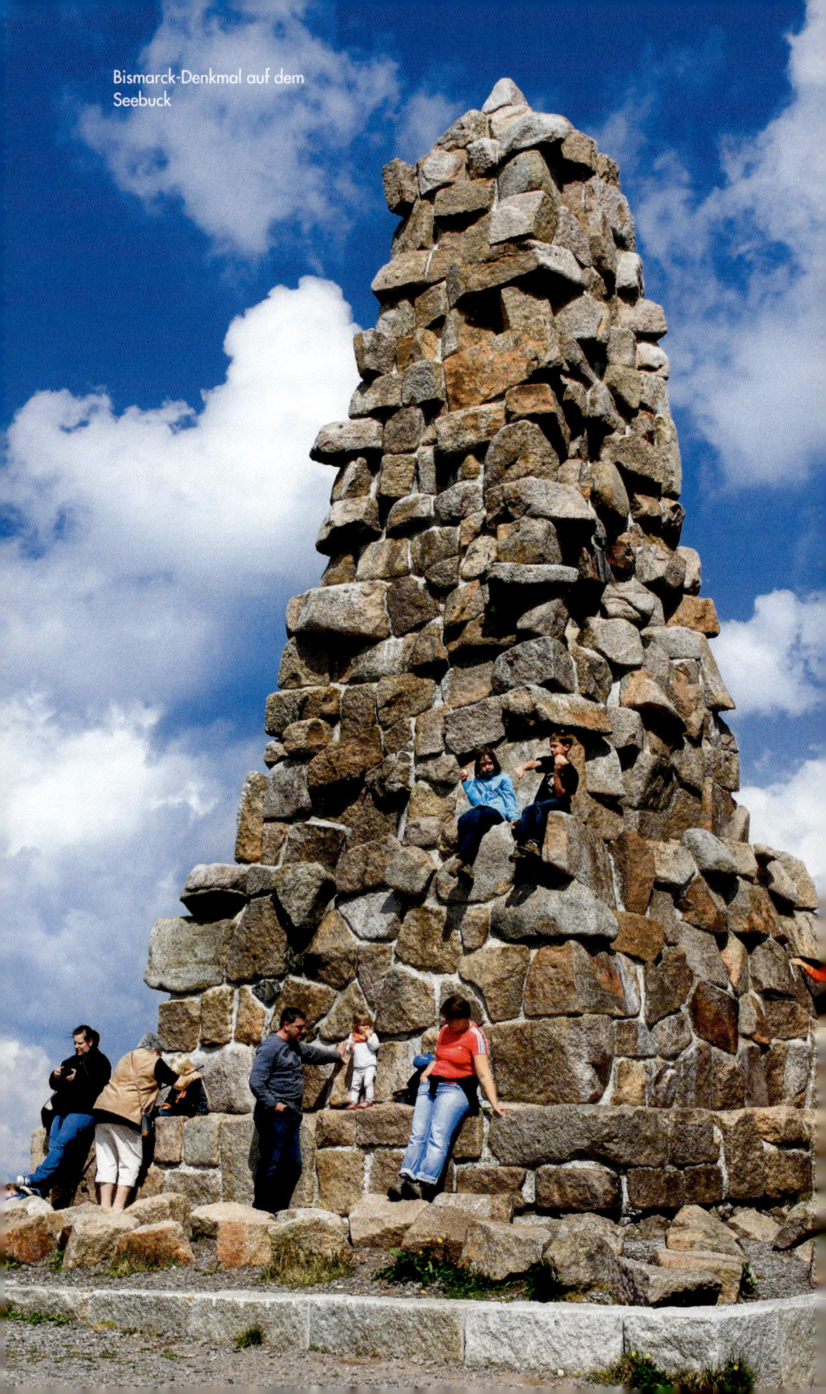

Bismarck-Denkmal auf dem Seebuck

Wer die Möglichkeit zur Einkehr wahrnimmt, muss anschließend wenige Schritte zurückgehen, um auf den Pfad hoch zum Gipfel zu gelangen. Der von dieser Seite steile Aufstieg wird durch mehrere Serpentinen deutlich gemildert, sodass wir doch gut vorankommen. Nachdem wir auf die Westvariante des Westwegs treffen, steht noch eine Rechtskehre an, ehe wir den Feldberg im Bereich zwischen dem Funkturm und dem Luisenturm bezwungen haben. Das Gipfelrondell befindet sich links und eröffnet uns ein weiteres Panorama mit einer Aussicht bis zu den Hochlagen im Nordschwarzwald.

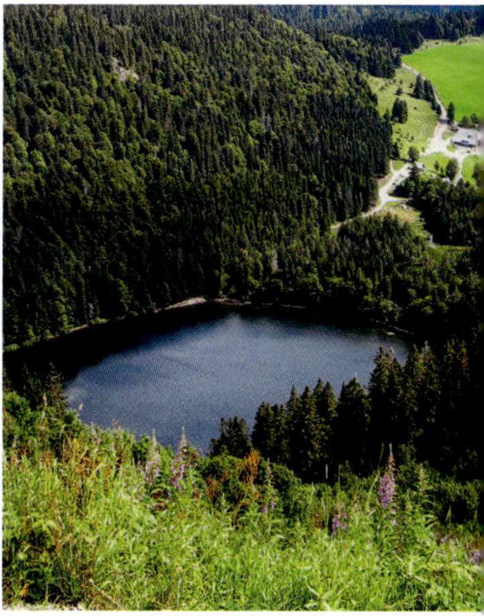

Tiefblick auf den Feldsee, das dunkle Auge des Feldbergs

Sowie wir uns von der Rundumsicht losreißen können, folgen wir dem Westweg zum Grüblesattel und stehen vor der Wahl: Wer dem Trubel zwischen Feldberger Hof und dem Haus der Natur entgehen möchte, kann auf dem Sattel rechts zum Wiesentalblick abbiegen und ab dort den bereits bekannten Weg zurück zur Passhöhe nehmen. Ansonsten bleiben wir auf dem Westweg und erreichen als Nächstes das Bismarck-Denkmal. Ab dort erfolgt der Abstieg in südlicher Richtung unter der Seebuck-Sesselbahn hindurch zum Herzogenhornblick, wo wir links zum Haus der Natur abbiegen. Der letzte Abschnitt führt dann um den Kreisverkehr herum zum Eberlinweg und an der Feldbergkirche vorbei zu unserem Ausgangspunkt auf der Passhöhe, wo wir auf eine aussichtsreiche Tour zurückblicken können.

Haus der Natur

Das Haus der Natur eröffnet seinen Besuchern faszinierende Einblicke in das Naturschutzgebiet Feldberg und den Naturpark Südschwarzwald. Dazu behandeln Wechselausstellungen immer wieder neue Themen (www.naz-feldberg.de).

32 Feldsee

Von Bärental zum Auge des Feldbergs

Leicht | 11,7 km | 280 Hm | 3.30–4 Std.

Tourencharakter: Tour auf Schotterwegen, zum Feldsee führt ein schmaler Fußweg. Bei Start am Kunzenmoos verkürzt sich die dann barrierefreie Runde auf 7,7 km.

Ausgangspunkt/Endpunkt: Bahnhof Feldberg-Bärental (967 m) oder Wanderparkplatz Kunzenmoos

Höchster Punkt: Raimartihof (1108 m)

Anfahrt: Auto: Auf der B317 Titisee–Lörrach oder über die B500 Titisee–Waldshut bis Bärental fahren. Für Kunzenmoos in die Talstraße und auf den Feldseeweg abzweigen. GPS: 47.8718, 8.0986 (Bärental), 47.8677, 8.0755 (Kunzenmoos); Bus & Bahn: Es gibt Bus-/Zugverbindungen ab Todtnau und Titisee nach Feldberg-Bärental

Einkehr: Raimartihof, täglich ab 9 Uhr, www.raimartihof.de

Beste Jahreszeit: Mitte April bis Oktober

Karte: Karte des Schwarzwaldvereins 1:25000, W258 Titisee-Neustadt

Informationen: www.hochschwarzwald.de/Feldberg

Der Feldsee ist der größte und tiefste Karsee im Schwarzwald. Trotz seiner Lage auf der von hohen Felswänden geprägten Nordostseite des Feldbergmassivs ist der Zugang zum See selbst für ungeübte Wanderer gut möglich.

Ab dem Bahnhof Bärental folgen wir der Ostvariante des Westwegs über den Tannenweg bis zum Adlerweiher. Dort wechseln wir rechts auf den mit der gelben Raute ausgewiesenen Wanderweg. Dieser verläuft zunächst ein kurzes Stück entlang der Talstraße, die wir kreuzen, sobald sie eine scharfe Rechtskurve beschreibt. Weiter geht es auf dem Feldseeweg an wenigen Häusern vorbei in den Wald und bei nur geringen Höhenunterschieden zum Wanderparkplatz Kunzenmoos. Wer mit dem Pkw anreist, findet hier einen alternativen Startpunkt.

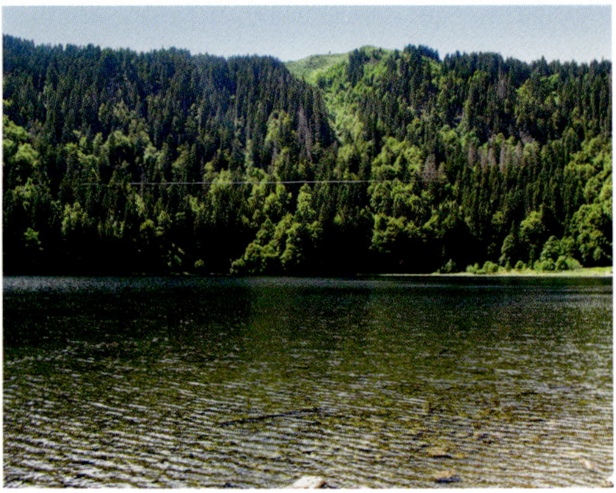

Der Feldsee ist bei dem Parkplatz auf zwei Seiten ausgeschildert. Für den Hinweg nutzen wir die Variante »Feldseeweg«, von rechts werden wir später zurückkommen. Beim Wegweiser Seesträßle wechseln wir auf den deutlich schmaleren Pfad und erreichen 400 Meter weiter den Feldsee. Halten wir uns am Seeufer rechts, so gelangen wir zum Auslauf des Sees in den Seebach und von dort wiederum rechts über das Oskar-Andris-Eck zum Raimartihof. Insbesondere für diejenigen, welche erst beim Kunzenmoos gestartet sind, empfiehlt sich jedoch, am Ufer links abzubiegen und eine Runde um das »Auge des Feldbergs« zu drehen. So kann man den Blick von allen Seiten über den fast kreisrunden Karsee zu den steil aufragenden Felswänden schweifen lassen.

Feldsee

Der Feldsee zählt zu den oligotrophen, also nährstoffarmen Gewässern, die nur wenigen Spezialisten einen geeigneten Lebensraum bieten. Zu ihnen zählen Erbsenmuscheln, das Wechselblütige Tausendblatt und Brachsenkräuter. Als einziger Fisch kommt die Elritze im Feldsee vor.

Der spätere Rückweg erfolgt dann ab dem Raimartihof zunächst noch mit der roten Westwegraute, dann mit der gelben Raute über Steiertenschlag bis zur Zipfelsäge. Dort biegen wir rechts zum Kunzenmoos ab, wo die Wanderung entweder endet oder von wo wir dem bereits bekannten Weg zurück nach Bärental folgen.

Linke Seite: Als größter und tiefster Karsee bietet der Feldsee seltenen Arten einen Lebensraum.

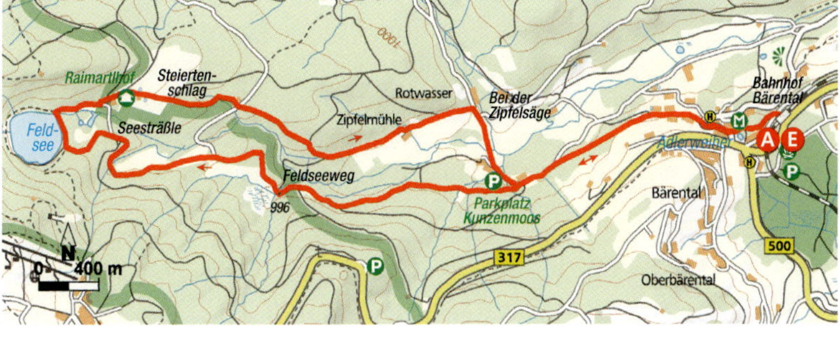

33 Titisee

Seerunde über die Bankenhöhe

Mittel	8 km	180 Hm	2.45–3.15 Std.

Tourencharakter: Für den Aufstieg ab dem Eisweiher bis zur Bankenhöhe braucht es griffiges Schuhwerk und Trittsicherheit, ansonsten ist dies eine technisch einfache Runde auf beliebten Wegen.

Ausgangspunkt/Endpunkt: Titisee Ortsmitte (860 m)

Höchster Punkt: Nahe Bankenhöhe (1108 m)

Anfahrt: Auto: Über die B 31 Freiburg–Donaueschingen bis Ausfahrt Titisee, weiter über die L 156 zum Großparkplatz P1. Der Zugang zur Wanderung erfolgt über die Seestraße.
GPS: 47.9034, 8.1543;
Bus & Bahn: Es bestehen S-Bahn-Verbindungen ab Freiburg Hauptbahnhof und Seebrugg zur Haltestelle in Titisee.

Einkehr: Seewaldstube im Bankenhof; Gaststätte Sandbank

Beste Jahreszeit: April bis Anfang November

Karte: Karte des Schwarzwaldvereins 1:25 000, W258 Titisee-Neustadt

Informationen: www.hochschwarzwald.de/Titisee

Der Titisee zählt zu den Orten, die durch die Serie »Schwarzwaldklinik« weltbekannt geworden sind. Entsprechend international ist das Publikum. Während die meisten Besucher entlang der Seestraße zum See flanieren, bietet unsere Tour auch ruhige Momente.

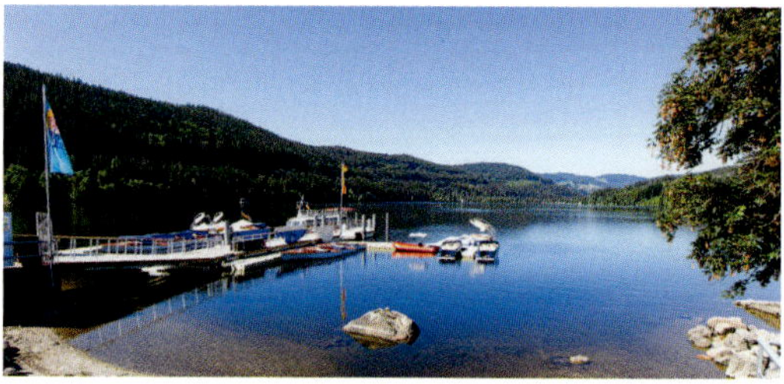

Wir wandern diese Runde entgegen dem Uhrzeigersinn. Ab Titisee-Ortsmitte erfolgt damit der erste kurze Abschnitt entlang der Strandbadstraße. Auf Höhe des Strandbads queren wir den Parkplatz und tauchen in den Wald ein. Nachdem wir eine Wassertretstelle passiert haben, biegt der Wanderweg links ab zum Wegweiser Beim Eisweiher. Wo vor wenigen Jahren noch ein Weg um das kleine Gewässer führte, sind heute Biber tätig. Der Abstecher dorthin lohnt sich.
Zurück beim Wegweiser folgen wir anschließend der gelben Raute über »An der Langmatte« und bergan durch den Wald bis zum Wegweiser Oberhalb Campingplatz Bühlhof. Dort wechseln wir rechts auf den Westweg, dem wir über Bühlberg (links) zum Bankenhansenkreuz folgen. Bei der aussichtsreichen

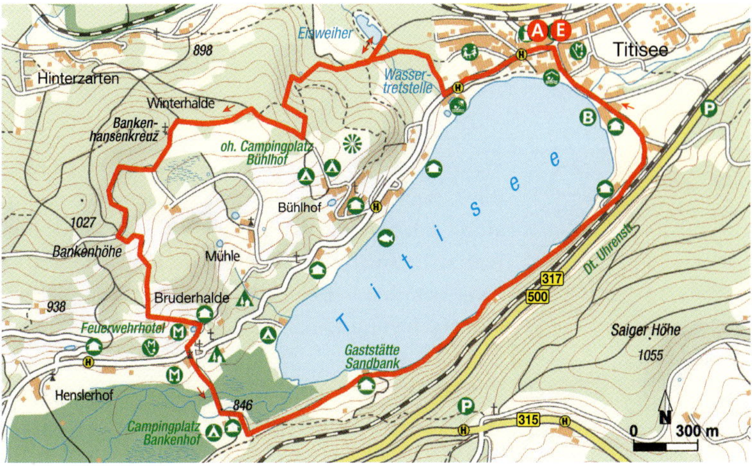

Bergwiese verlassen wir den Westweg und folgen zunächst wieder der gelben Raute zur Bankenhöhe und danach dem Querweg Freiburg–Bodensee, der vorbei am Feuerwehrhotel Sankt Florian und über die Kreisstraße zum Bankenhof führt.

Ab dem Hof gelangen wir über den Fahrweg hinunter an den Titisee. Auf dem Weg dorthin überqueren wir den hier mäandrierenden Seebach und passieren den Campingplatz Bankenhof. Dort treffen wir wieder auf den Westweg, dem wir links durch ein Wäldchen zur Gaststätte Sandbank folgen. Nachdem wir bereits einen Großteil der Runde geschafft haben, lockt das Ausflugslokal mit einfachen Gerichten und einem schönen Blick über den Titisee. Der Rückweg erfolgt später auf dem schattigen Seerundweg, der uns weitere Ausblicke über den See bietet, ehe wir uns im Ort Titisee wieder in das Getümmel stürzen.

Linke Seite: Anlegestelle der Ausflugsboote bei der Seepromenade des Titisees

Winterwanderung

Im Winter wird der 6 km lange Seerundweg als Premium-Winterwanderweg unterhalten. Der Weg wird täglich geprüft und geräumt oder gewalzt, sodass er selbst bei Neuschnee bald wieder sicher begangen werden kann.

34 Windgfällweiher

Kurze Runde ab Altglashütten

Leicht | 5 km | 40 Hm | 1.45 Std.

Tourencharakter: Nach dem Abstieg von Altglashütten an den See ist es eine sehr einfache Runde auf dem bequem zu gehenden Seeuferweg sowie über Forstwege.

Ausgangspunkt/Endpunkt: Windgfällweiherstraße Altglashütten (980 m)

Höchster Punkt: Windgfällweiherstraße Altglashütten (980 m)

Anfahrt: Auto: Über die B 500 Titisee–Waldshut bis Altglashütten, zur Ortsmitte abbiegen und der Kirch- bzw. Windgfällweiherstraße zum Parkplatz folgen. GPS: 47.8560, 8.1127; Bus & Bahn: Es bestehen S-Bahn-Verbindungen ab Freiburg Hauptbahnhof und Seebrugg zur Haltestelle in Altglashütten.

Einkehr: Schlehdorns Seehof; im Strandbad

Beste Jahreszeit: Mitte April bis Mitte November

Karte: Karte des Schwarzwaldvereins 1:25 000, W258 Titisee-Neustadt

Informationen: www.hochschwarzwald.de/Feldberg

Während der Titisee und der Schluchsee weit über die Grenzen des Schwarzwalds hinaus bekannt sind, nehmen nur wenige vom Windgfällweiher Notiz. Er füllt eine eiszeitliche Gletschermulde zwischen den beiden Seen aus und lädt zum Spazierengehen und Baden ein.

Wir starten beim Parkplatz und der Bushaltestelle in der Ortsmitte von Altglashütten. Nach 200 Metern auf der Windgfällstraße zweigen wir mit der blauen Raute links auf den Gottwinaweg ab. Dieser beschreibt einen Bogen bis hin zur Dreiseenbahn und führt über artenreiche Wiesen in den Wald. Nach einem Zwischenanstieg verlassen wir den Wald wieder, überqueren die Kreisstraße nach Raitenbuch und stehen auch schon am Windgfällweiher. Am Nordwestufer laden einige Bänke zur Rast ein. Wer gerne fotografiert, findet hier außerdem schöne Perspekti-

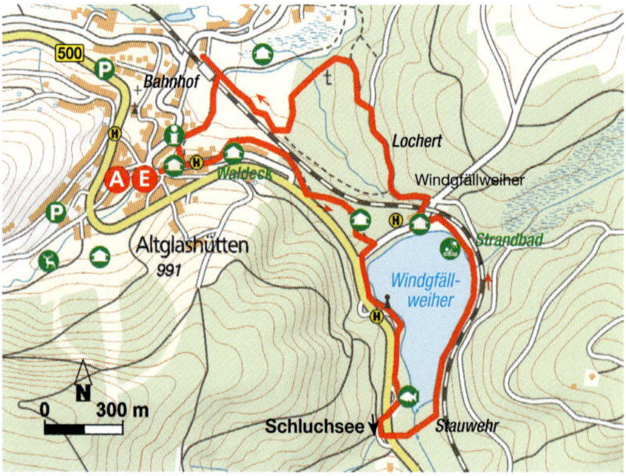

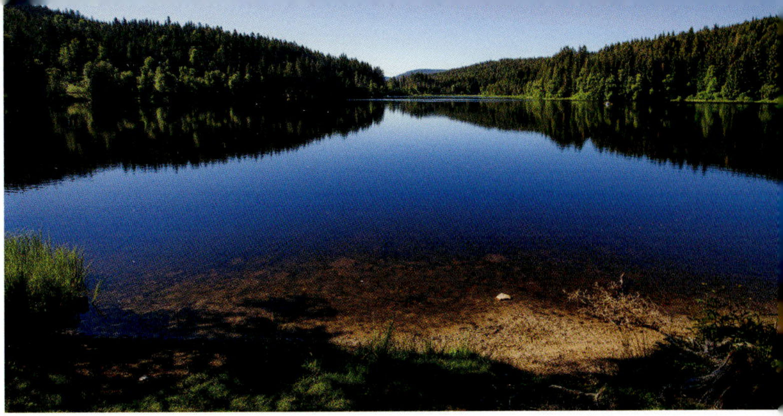

Nahe dem Schluchsee ist der Windgfällweiher ein Juwel unter den Seen im Hochschwarzwald.

ven über die dunkle Wasserfläche zu den umliegenden Wäldern.

Sowie wir uns nach rechts wenden und ein Stück auf die Bundesstraße zugehen, kommen wir zum Dieter-Knöbel-Seerundweg. Der mit Holzhäcksel angelegte Pfad ist für Fahrräder gesperrt. Uns jedoch eröffnet er weitere schöne Ausblicke über den Weiher. Bei der Verbindung hoch zur B500 nahe des nördlichen Seeendes wandern wir nach links zum Stauwehr am Südufer. Der daran anschließende schnurgerade Kanal zum Schluchsee bietet einen bemerkenswerten Kontrast zu dem natürlich wirkenden See. Wir nehmen die Fußgängerbrücke und stoßen wenige Schritte später an die Bahnlinie.

Erneut links folgen wir den Gleisen über die Ostseite des Sees zum Strandbad – die Terrasse ist für freundliche Wanderer frei zugänglich. Dann geht es zurück zur Kreisstraße und zu Schlehdorns Seehof. Für den Rückweg nutzen wir die Brücke und biegen dann links nach Lochert ab. Der mit gelber Raute markierte Wanderweg führt uns erneut durch den Wald bis zum Wegweiser Gschwand und von dort in südlicher Richtung zurück an die Dreiseenbahn. Ihr folgen wir bis zum Bahnhof, wo wir durch die Unterführung und entlang des Schwarzenbachs zurück nach Altglashütten kommen.

35 Riesenbühlturm

Aufstieg ab Schluchsee-Ort

Leicht	3,6 km	140 Hm	1.15–1.30 Std.

Tourencharakter: Der Aufstieg auf den Turm erfordert Schwindelfreiheit (Gittertreppen), ansonsten ist es eine leichte Runde ohne besondere Anforderungen.

Ausgangspunkt/Endpunkt: Sportplatz Schluchsee (980 m)

Höchster Punkt: Riesenbühl (1097 m)

Anfahrt: Auto: Auf der B500 Waldshut–Titisee bei Schluchsee zur Ortsmitte abfahren. Die Zufahrt zum Parkplatz erfolgt über die Dresselbacher Straße. GPS: 47.8244, 8.1853; Bus & Bahn: Es bestehen S-Bahn-Verbindungen ab Freiburg Hauptbahnhof und Seebrugg zur Haltestelle in Schluchsee. Der Zugang erfolgt über die Fischbacher und Dresselbacher Straße.

Einkehr: Schöner Rastplatz; in Schluchsee

Beste Jahreszeit: Mitte April bis Oktober

Karte: Karte des Schwarzwaldvereins 1:25 000, W258 Titisee-Neustadt

Informationen: www.hochschwarzwald.de/Schluchsee

Schluchsee gehört zu den meistbesuchten Orten im Hochschwarzwald. Am Seeufer herrscht entsprechend oft Hochbetrieb. Anders verhält es sich auf den Wegen abseits des Sees. Zu diesen ruhigeren Zielen zählt der Riesenbühl mit seinem weithin sichtbaren Turm.

Als Startpunkt haben wir den Wanderparkplatz nahe dem Sportplatz gewählt. Nach der ersten Orientierung überqueren wir die Dresselbacher Straße und folgen der örtlichen Beschilderung um den Giersbühl. Der Weg führt uns durch den Wald an den Ortsrand und auf den Hinteren Giersbühlweg, dem wir nach rechts und durch den Tannenweg zurück an die Dresselbacher Straße folgen. Wir wandern wahlweise links über den Wegweiser Sonnenhalde durch den Park oder direkt am Hotel Vier Jahreszeiten vorbei und treffen auf die Schwarza-Variante des Mittelwegs.

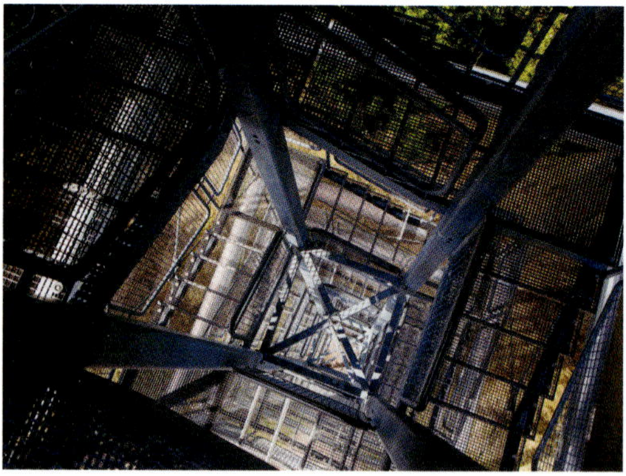

Auf dem Fernwanderweg gehen wir ab dem Waldrand erst in nördliche Richtung und dann in einem weiten Bogen ins Fischbachtal. Wo die Steigung spürbar anzieht und wir den nördlichen Waldrand erreichen, gelangen wir bald zu einer Himmelsliege. Wir bleiben noch auf dem Mittelweg, bis wir auf den Riesenbühlweg treffen. Dort biegen wir erst rechts und dann, nur einen Steinwurf weiter, links auf den schmaleren Pfad ab und stehen wenig später auch schon auf dem Riesenbühl mit der Baumannshütte.

Seerundfahrt

Ab Ende April bis Ende Oktober sind Rundfahrten mit der MS Schluchsee möglich. Stationen für den Zustieg sind das Strandbad von Schluchsee, die Staumauer, der Unterkrummenhof und Aha. www.seerundfahrten.de

Unser Interesse gilt dem Aussichtsturm: Die obere Aussichtsplattform belohnt den Aufstieg mit einer weiten Aussicht über den Schluchsee bis zu den Alpen. Wer sich anhand der Panoramatafel zu orientieren versucht, sollte beachten, dass diese auf den See ausgerichtet ist, sich die Alpen aber weiter südöstlich (links) befinden. Über den Baumannweg finden wir anschließend wieder zurück auf den Riesenbühlweg. Wo dieser in den Kreuzwaldweg mündet, geht es rechts hinunter zum Sportplatz.

Linke Seite: Schwindelerregende Eisenkonstruktion des Riesenbühlturms

Unten: Aufstieg auf dem Mittelweg zum Riesenbühl

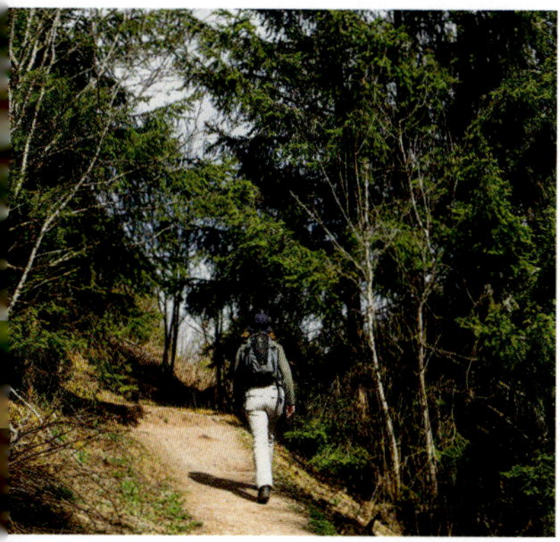

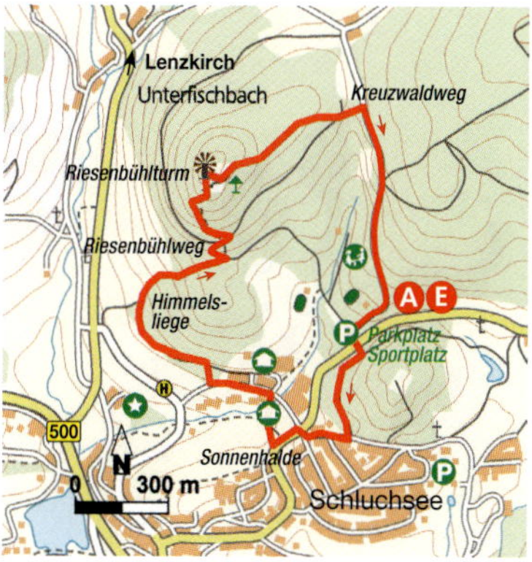

36 Panoramaweg Bonndorf

Aussichten zwischen Galgen- und Lindenbuck

Mittel | 7,2 km | 120 Hm | 2.30 Std.

Tourencharakter: Bei wenig Schnee eine auch im Winter gut machbare Höhenwanderung auf technisch anspruchslosen Wegen mit schöner Fernsicht zu den Alpen, nur die Beschilderung auf dem Lindenbuck lässt zu wünschen übrig.

Ausgangspunkt/Endpunkt: St. Peter & Paul Kirche in Bonndorf (980 m)

Höchster Punkt: Lindenbuck (900 m)

Anfahrt: Auto: Von der B 315 Titisee–Weizen in Bonndorf zum Parkplatz in der Kirchstraße abbiegen.
GPS: 47.8196, 8.3369;
Bus & Bahn: Es bestehen ab dem Bahnhof Seebrugg Busverbindungen zur Haltestelle Schwarzwaldhotel, Bonndorf.

Einkehr: Gasthof Lindenbuck; in Bonndorf

Beste Jahreszeit: Mai bis Oktober

Karte: Karte des Schwarzwaldvereins 1:25 000, W259 Blumberg

Informationen: www.bonndorf.de

Die Löwenstadt Bonndorf ist bekannt für ihr Schloss mit den Narrenstuben und dem Japanischen Garten. Auch zur Wutachschlucht ist es nicht weit. Unsere Runde bleibt auf der Höhe und eröffnet uns eine tolle Aussicht über das Hochplateau zu den Alpen.

Vom Parkplatz bei der St. Peter und Paul Kirche gehen wir auf der Kirchstraße zum Ortsausgang und folgen dem örtlichen Rundwanderweg 14 am Friedhof vorbei in die offene Landschaft. Auf dem Weg zu einem Christuskreuz öffnet sich die Sicht über die B 315 zu den Alpen. Nach 1300 Metern biegen wir beim Wegweiser Schleierweg rechts zum Galgenbuck ab. Neben den Schildern des Rundwanderwegs können wir uns hier auch an der gelben Raute des Schwarzwaldvereins orientieren. Beim Galgenbuck erwartet uns neben der Aussicht zu den Alpen und den benachbarten Schwarzwaldgipfeln auch der Blick nach Osten zum Randen mit dem Sender Donaueschingen. Geradeaus gelangen wir wieder an den Ortsrand, wo wir links von der Bergstraße auf den Philosophenweg abbiegen und kurz darauf einen Platz mit Aussicht auf Bonndorf erreichen. Am Ende des Philosophenwegs zweigen wir links auf die Lindenstraße ab. Auf ihr geht es vor zur Kreisstraße und dann nach rechts zur Landstraße, die wir beim Gasthof Lindenbuck bitte umsichtig überqueren. Heil drüben angekommen, passieren wir auf der Straße Am Lindenbuck die Fleischwarenfabrik Adler und biegen beim Funkmasten rechts sowie bei der nächsten Gabelung erneut rechts ab.

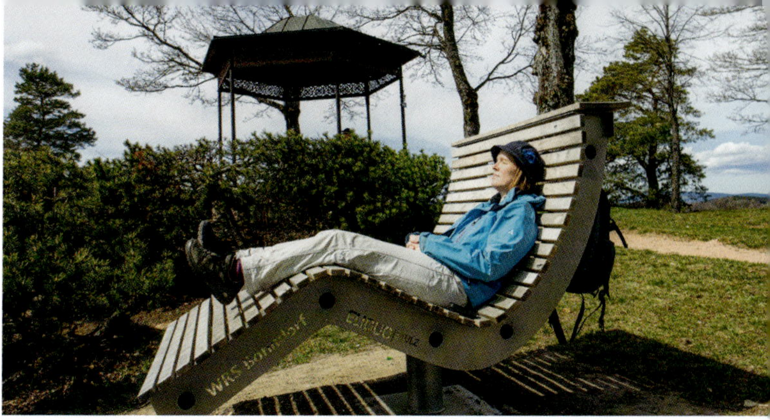

So lässt es sich aushalten: Himmelsliege auf dem Lindenbuck.

Der Weg führt uns auf den Lindenbuck, wo wir mehrere schöne Rastmöglichkeiten vorfinden. Leider ist die Beschilderung auf der Anhöhe widersprüchlich. Um zurück nach Bonndorf zu kommen, reicht es aber aus, in südwestlicher Richtung zwischen den Feldern und der Wiese hinunter zur Dillendorfer Straße zu wandern. Nachdem wir diese gekreuzt haben, erfolgt der weitere Rückweg durch den Brunnaderner Weg zur B315 und über »Im süßen Winkel« zum Schloss. Von dort können wir der Mühlenstraße zurück an die Durchgangsstraße folgen, auf der wir rechts wieder zur Kirchstraße gelangen.

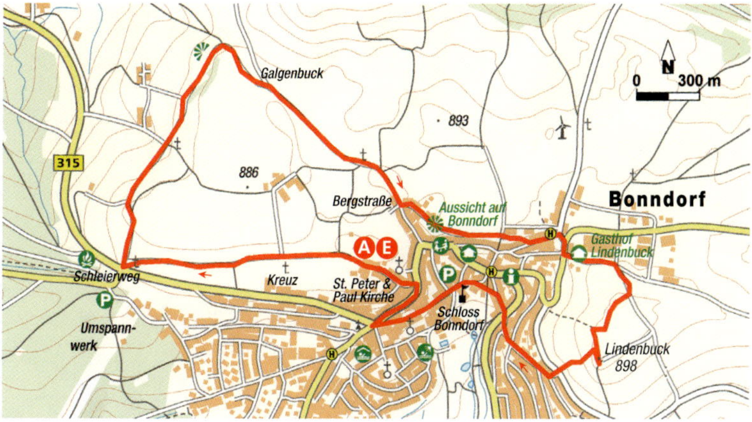

37 Von Mühle zu Mühle

Zwischen Ewattingen und der Wutachmühle

Mittel/Schwer · 6,3 km · 240 Hm · 2.30 Std.

Tourencharakter: Der Abschnitt beim Hörnle erfordert ein gutes Maß an Trittsicherheit, bei Nutzung der Variante ist es eine eher leichte bis mittelschwere Runde.

Ausgangspunkt/Endpunkt: Wutachhalle (730 m)

Höchster Punkt: Wutachhalle (730 m)

Anfahrt: Auto: Von der B 315 Titisee–Weizen in Bonndorf auf die Donaueschinger Straße (L 171) abbiegen und der Landstraße bis Ewattingen folgen, dort in die Schwimmbadstraße abbiegen. GPS: 47.8383, 8.4420; Bus & Bahn: Ab Bonndorf und dem Busbahnhof Donaueschingen bestehen Busverbindungen zur Haltestelle Ewattingen Unterdorf, Wutach.

Einkehr: Abseits der Strecke Kiosk Wutachmühle; Zum Hirschen in Ewattingen

Beste Jahreszeit: April bis Oktober

Karte: Karte des Schwarzwaldvereins 1:25 000, W259 Blumberg

Informationen: www.bonndorf.de

Wer in der Gemeinde Wutach den Ort Wutach sucht, gerät leicht ins Zweifeln – eine solche Ortschaft gibt es nämlich nicht. So führt uns der Weg nach Ewattingen, wo wir bei der Wutachhalle in diese eher kurze Rundwanderung einsteigen.

Vom Parkplatz bei der Wutachhalle gehen wir durch die Schwimmbadstraße zu einer Wandertafel mit Streckenvorschlägen. Dort biegen wir rechts ab, sodass wir durch die Frohnwiesenstraße und die Josef-Burger-Straße an den nördlichen Ortsrand gelangen. Nach links erreichen wir 230 Meter weiter den Wegweiser Auf dem Hinterbuck. Ab dort verläuft die Wanderung auf der Bachtalstraße. Wo sich die Straße nahe einem Bildstock mit Rastbank gabelt, halten wir uns mit dem blauen Dreieck links. In der nächsten

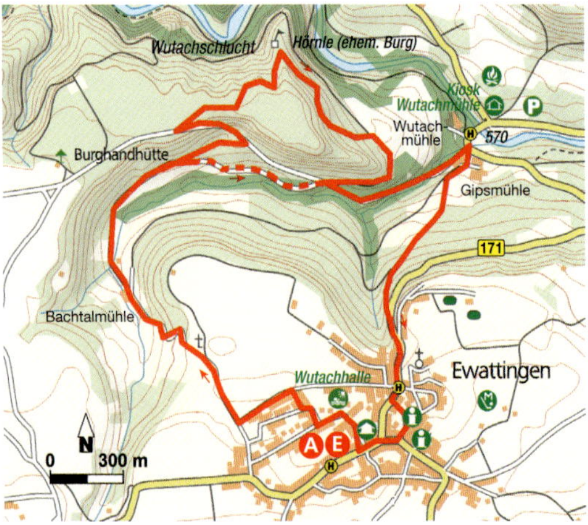

Kurve entdecken wir wieder die uns vertraute gelbe Raute, der wir bergab zur Bachtalmühle folgen. Die erste Erwähnung der idyllisch gelegenen Mühle datiert auf das Jahr 821, erst in jüngerer Zeit wurde der Betrieb an die Wutachmühle verlegt.

Bei dem historischen Gebäude überqueren wir den Gänsbach, folgen dem Talverlauf und haben bei der nächsten Gabelung die Wahl: Wer einen leichteren Weg bevorzugt, hält sich rechts und wandert mit der gelben Raute weiter durchs Tal. Diejenigen, die sich etwas mehr zutrauen, zweigen links ab und orientieren sich am blauen Dreieck. In dem Fall geht es durch den Wald zu einer Forststraße, der wir links 250 Meter folgen, um dann rechts auf den Hörnleweg abzubiegen.

Weiter mit dem blauen Dreieck wandern wir nun auf wechselnden Wegen auf die andere Seite des Höhenzugs, wo die Bäume den Blick zum Randen freigeben. Über den Kessiweg gelangen wir schließlich wieder auf den leichten mit der gelben Raute beschilderten Weg, der uns zielsicher flussabwärts zur Wutachmühle bringt. Hier bietet sich ein Abstecher zum Kiosk der Wutachmühle jenseits der Wutach an. Ansonsten zweigen wir bei der Landstraße gleich wieder rechts ab und passieren auf dem Peterhaldenweg die Gipsmühle, ehe wir uns bei der Gabelung links halten und der Beschilderung zurück nach Ewattingen und zur Wutachhalle folgen.

Alter Mühlstein der Bachtalmühle

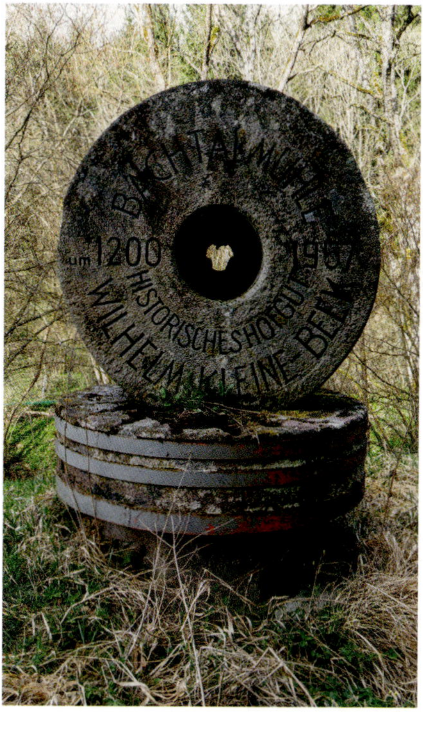

38 Bernauer Panoramaweg

Von Ankenbühl bis Bernau-Hof

Mittel | 8,2 km | 280/230 Hm | 3 Std.

Tourencharakter: Reizvolle Höhenwanderung auf gut angelegten Pfaden und Wegen mit Aussicht über das Bernauer Hochtal

Ausgangspunkt: Wanderparkplatz Ankenbühl (885 m)

Endpunkt: Bernau-Hof (930 m)

Höchster Punkt: Schindelbächle (1075 m)

Anfahrt: Auto: Von der B 500 Waldshut–Titisee in Häusern auf die L 149 nach St. Blasien und Bernau, oder von der B 317 Lörrach–Todtnau nach Bernau abbiegen. Die Zufahrt zum Wanderparkplatz ist gegenüber von Weierle. GPS: 47.7955, 8.0712; Bus & Bahn: Es bestehen Busverbindungen ab St. Blasien zur Haltestelle Bernau-Weierle.

Einkehr: Auf der Strecke keine; schöne Rastmöglichkeiten

Beste Jahreszeit: Mai bis Oktober

Karte: Karte des Schwarzwaldvereins 1:25 000, W258 Titisee-Neustadt

Informationen: www.bernau-schwarzwald.de

Das Bernauer Hochtal ist eines der schönsten Hochtäler im Schwarzwald. Hier führt der Panoramaweg an der Sonnenterrasse entlang, passiert Himmelsliegen und Rastbänke und verwöhnt uns mit einer nahezu durchgehenden Sicht durch das gestreckte Tal.

Als Streckenwanderung will diese Tour gut geplant sein. So ist es vielleicht von Vorteil, zuerst bis zum Ziel in Bernau-Hof zu fahren, um von dort mit dem Bus zur Haltestelle Bernau-Weierle zu gelangen. Ab dem Wanderparkplatz Ankenbühl können wir dann einfach der Beschilderung des Panoramawegs folgen. Damit wechseln wir nach wenigen Schritten auf der Straße auf den Wanderweg, gehen erst auf die Gebäude vor uns zu, um dann auf mehreren kurzen Kehren die ersten nennenswerten Höhenmeter zu leisten. Bald schon eröffnet sich uns die versprochene Aussicht und wir lassen gerne den Blick über die Landschaft schweifen. Auf diesem Abschnitt befinden wir uns zugleich auf dem Hochtalsteig, sodass wir trotz wechselnder Wege sicher zum Wegweiser Am Kaiserberg finden. Bei der Gabelung halten wir uns links und folgen dem Panoramaweg durch mehrere Kurven (mit dadurch wechselnder Blickrichtung) bis zum Wasserhochbehälter.

Dort trennen sich die Wege: Während der Hochtalsteig zur Krunkelbachhütte abbiegt, wandern wir nach Bernau-Dorf hinunter. Über den Scheibenfelsenweg gelangen wir auf die Dorfstraße (rechts), von der wir jedoch sogleich wieder abzweigen. Nun steigt der Weg ins Tal des Hinterbachs an, den wir nahe

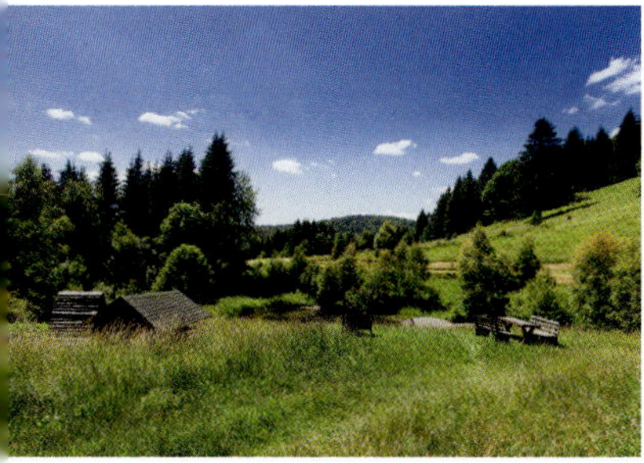

Zwischen Bernau-Dorf und Bernau-Hof finden wir beim Weiher am Hinterbach einen herrlich gelegenen Rastplatz.

Aus zwei mach eins

Der Endpunkt dieser Tour fällt mit dem Start der Wanderung auf dem Bernauer Albweg (Tour 39) zusammen. Da der Albweg nur geringe Anforderungen stellt, bietet es sich an, beide Touren zu einer Runde zusammenzuschließen.

eines idyllischen Weihers kreuzen. Im weiteren Verlauf beschreibt der Panoramaweg eine Rechtskurve, ehe wir in den Wald eintauchen, um weiter oben den Schwemmbach zu überqueren. Sowie der Bach hinter uns liegt, können wir die letzten Meter bis nach Bernau-Hof zum lockeren Auslaufen nutzen.

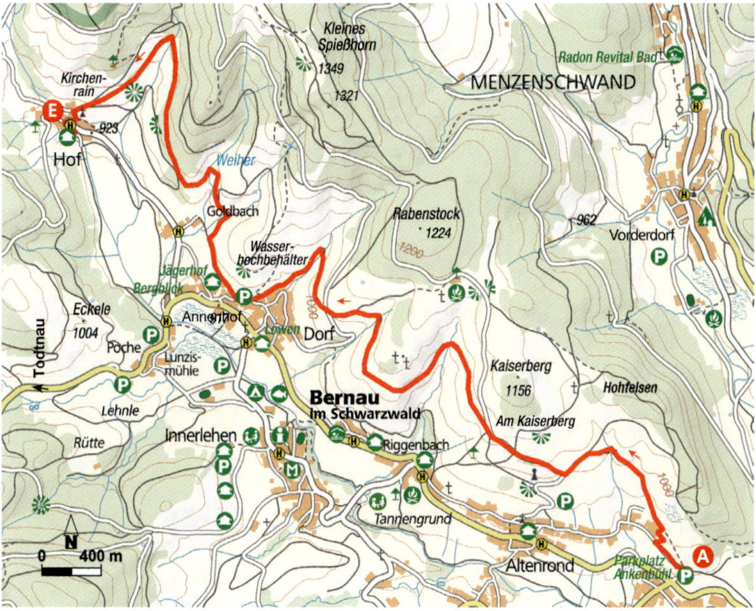

39 Bernauer Albweg

Locker-leicht durchs Hochtal

Leicht | 6,5 km | 30/85 Hm | 2.30 Std.

Tourencharakter: Lockere Talwanderung auf überwiegend breit angelegten Fußwegen entlang der Bernauer Alb

Ausgangspunkt: Bernau-Hof (930 m)

Endpunkt: Haltestelle Weierle (880 m)

Höchster Punkt: Bernau-Hof (930 m)

Anfahrt: Auto: Von der B 500 Waldshut–Titisee in Häusern auf die L 149 nach St. Blasien und Bernau, oder von der B 317 Lörrach–Todtnau nach Bernau abbiegen. Zwischen Dorf und Poche nach Bernau-Hof abbiegen.
GPS 47.8208, 8.0155;
Bus & Bahn: Es bestehen Busverbindungen ab St. Blasien zur Haltestelle Bernau i.S. Hof.

Einkehr: Auf der Strecke keine; schöne Rastmöglichkeiten

Beste Jahreszeit: Mai bis Oktober

Karte: Karte des Schwarzwaldvereins 1:25 000, W258 Titisee-Neustadt

Informationen: www.bernau-schwarzwald.de

Das Gegenstück zum Bernauer Panoramaweg kann man auch als kleines Geschwisterle sehen: Die Strecke entlang der Alb ist kürzer, weist nur geringe Höhenunterschiede auf und ist auch frei von technischen Herausforderungen.

Der Einstieg in die Streckenwanderung erfolgt bei der Bushaltestelle Bernau-Hof. Nachdem wir uns orientiert haben, verlassen wir das ursprünglich wirkende Dorf in Richtung Sportzentrum Spitzenberg. Der mit gelber Raute ausgewiesene Weg führt uns zwischen den Gebäuden 3a und 7 hindurch und über die Bernauer Alb in die freie Landschaft. Nach der ersten schönen Aussicht auf die sonnenverwöhnten Hänge am Panoramaweg kommen wir zum Wegweiser Am Kaltenbach. Laut der Angabe vor Ort wären es dort 200 Meter bis zu einem Wasserfall. Für gewöhnlich sind das dankbare Ziele. Hier jedoch müssen wir feststellen, dass es schönere Abstecher gibt.

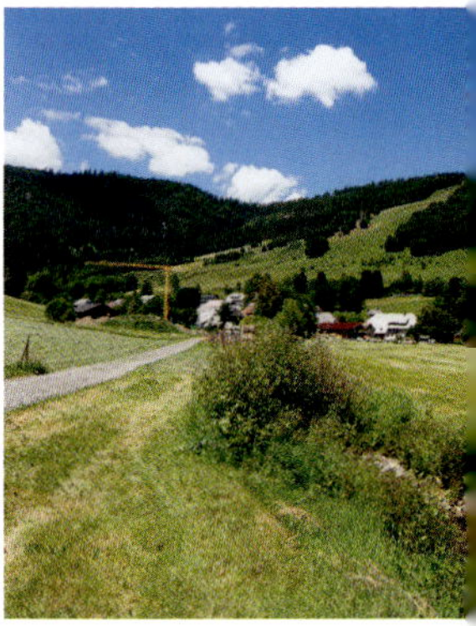

Weiter geht es mit der gelben Raute, erst noch über mehrere Wiesen, dann durch den Wald zur Landstraße. Nachdem wir diese umsichtig (Motorradstrecke!) überquert haben, setzt sich der Albweg etwas nach links versetzt fort. Beim Sportzentrum Spitzenberg kreuzen wir eine zweite Straße, ehe wir weiter entlang der allmählich breiter werdenden Alb den Wegweiser Sägle erreichen. Dort geht der Weg in die Straße Im Moos über, während wir links abbiegen und dem Wanderweg um den Tennisplatz herum sowie wieder hinunter an die Alb folgen.

Der Albweg führt uns nördlich an Innerlehen vorbei und überquert auf der weiteren Strecke zum Rast- und Spielplatz Tannengrund dreimal kurz nacheinander die Alb. Der letzte Abschnitt leitet uns über Schliefe bis Weierle, wo es links auf der Todtmooser Straße zu den Bushaltestellen Bernau-Weierle sowie, an der Durchgangsstraße, Bernau-Weierle Straße geht.

Kurze Runde

Beim Sportzentrum besteht eine Verbindung nach Bernau-Dorf. Wenn wir uns anschließend im Ort links halten, treffen wir auf den Panoramaweg, den wir wie in Tour 38 beschrieben zurück nach Hof wandern können. Die Runde ist dann ca. 6,3 km lang.

Linke Seite: Nahezu ebener Abschnitt entlang der Bernauer Alb

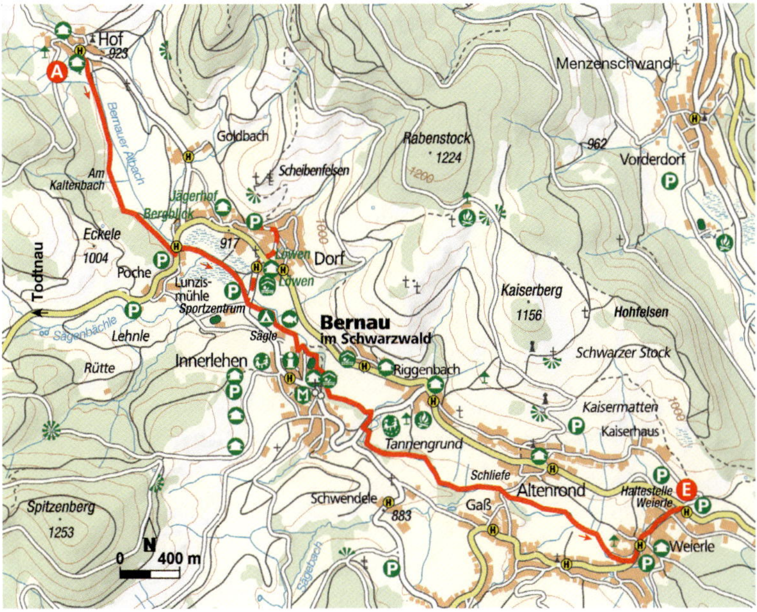

40 Präger Weidbuchen

Im Gletscherkessel von Präg

Mittel | 7 km | 300 Hm | 2.30–3.30 Std.

Tourencharakter: Der Aufstieg auf den Schweinebuck erfolgt über teils ausgesetzte Wiesenpfade, ansonsten gut begehbare Wege und Pfade, die etwas Trittsicherheit erfordern.

Ausgangspunkt/Endpunkt: Rathaus Präg (880 m)

Höchster Punkt: Hintere Schweine (970 m)

Anfahrt: Auto: Von der B 317 Todtnau–Schönau bei Geschwend auf die L 149 abfahren und der Beschilderung über die Wachtstraße und L 151 nach Präg folgen. GPS: 47.7794, 7.9671; Bus & Bahn: Es bestehen Busverbindungen ab Todtmoos und Todtnau nach Präg Hinterdorf direkt an der Strecke.

Einkehr: Auf der Strecke keine; schöne Rastmöglichkeit

Beste Jahreszeit: Mai bis Oktober

Karte: Karte des Schwarzwaldvereins 1:25 000, W257 Schönau

Informationen: www.hochschwarzwald.de/Todtmoos

Die Runde führt uns von Präg auf den Schweinebuck. Wie in früheren Zeiten wird dieser auch heute wieder mit Hinterwälder Rindern bewirtschaftet. Dadurch finden wir hier Magerweiden, die einer Vielzahl gefährdeter Arten einen Lebensraum bieten.

Von der Ortsmitte in Präg wandern wir entlang der Hochkopfstraße bis zur Haltestelle Hinterdorf, an deren Wartehäuschen es links in die Grabenstraße geht. Wenige Schritte weiter zweigen wir links von der Straße ab und sehen vor uns die Infotafel Mäh- und Obstbaumwiesen. Wo der Weg in die Wiese übergeht, steuern wir auf die Ecke des Waldrands zu, ehe wir im Wald wieder die Schilder des örtlichen Rundwegs entdecken. Dieser führt uns über das Hintere Wildbodenbächle zu dessen Mündung in den Prägbach sowie zum Ausblick Ellbogen.

Anschließend müssen wir ein paar Schritte zurückspazieren, um dann links auf einen zweiten, ebenfalls als Rundweg Gletscherkessel markierten Weg

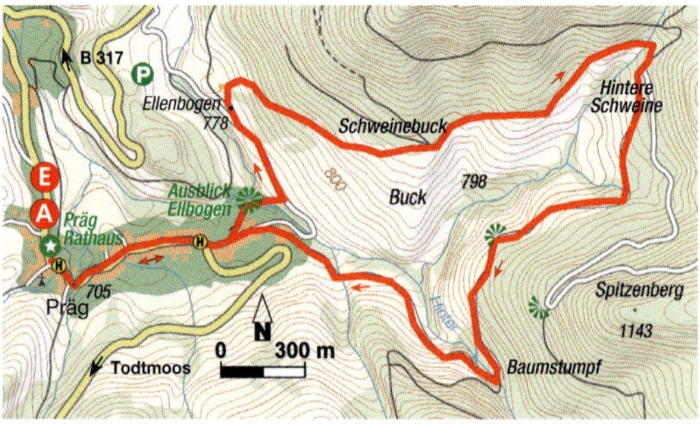

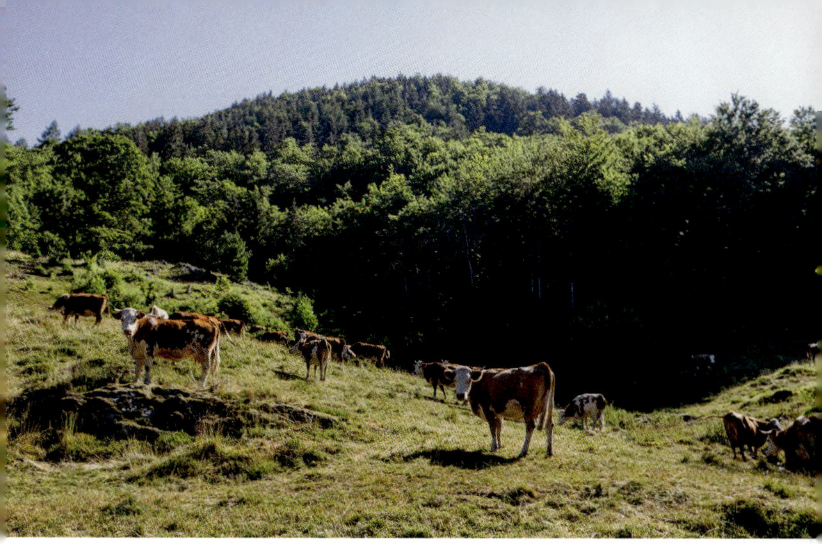

Der Schweinebuck wird heute durch Beweidung mit Hinterwälder Rindern offen gehalten.

zu wechseln. Er führt uns hoch auf einen Fahrweg, auf dem wir links an der Zarenbank vorbei zum Ellenbogen laufen. Dort verlassen wir die Straße, halten uns bei der Gabelung rechts und folgen dem ansteigenden Weg an einigen Weidbuchen vorbei in den Wald. Im weiteren Verlauf erhalten wir Infos zur Bewirtschaftung und Artenvielfalt und können uns über eine zunehmend schöne Aussicht zu den umliegenden Bergen freuen.

Bei der Tafel Baumpieper & Neuntöter halten wir uns links und gehen um die Strauch- und Baumgruppe herum. Der Pfad führt uns entlang einer Geröllhalde auf den Schweinebuck mit der Russenbank. Direkt oberhalb treffen wir auf den Unteren Schweineweg, der uns über das Schweinebächle zum Wegweiser Hintere Schweine leitet. Dort wenden wir uns nach rechts und folgen dem Forstweg an einem reich beschilderten Baumstumpf vorbei zurück nach Präg und zu unserem Ausgangspunkt.

Präger Gletscherkessel

Eine zweite, längere Runde durch den Präger Gletscherkessel führt ab der Hinteren Schweine auf den Hochkopf und weiter über den Weißenbachsattel bis nach Herrenschwand. Als eine von 35 Touren haben wir diese in »Vergessene Pfade Schwarzwald« (Bruckmann Verlag) beschrieben.

41 Belchen-Panoramarunde

Aussichtsberg par excellence

Mittel | 6,5 km | 330 Hm | 2.30–3 Std.

Tourencharakter: Einfache Bergwanderung auf Wegen und Pfaden, die auf kurzen Abschnitten Trittsicherheit erfordern

Ausgangspunkt/Endpunkt: Talstation Belchen-Seilbahn (1094 m)

Höchster Punkt: Belchen (1414 m)

Anfahrt: Auto: Über die B 317 Schopfheim–Titisee bis zum Abzweig der L 142 südlich von Utzenfeld, ab dort der Beschilderung bis zur Talstation der Belchenbahn folgen. GPS: 47.8212, 7.8509; Bus & Bahn: Es bestehen Busverbindungen ab Todtnau (mit Umstieg) und Schönau zur Haltestelle Multen Belchenbahn Talstation.

Einkehr: Belchenhaus; bei der Talstation

Beste Jahreszeit: Mai bis Oktober

Karte: Karte des Schwarzwaldvereins 1:25 000, W257 Schönau

Informationen: www.schwarzwaldregion-belchen.de

Durch seine Lage am Südwestrand zählt der Belchen zu den beliebtesten Aussichtsbergen im Schwarzwald. Besonders schön ist es hier bei Inversionswetterlagen, wenn die Täler unter dem Nebel verborgen sind und sich darüber die umliegenden Bergketten erheben.

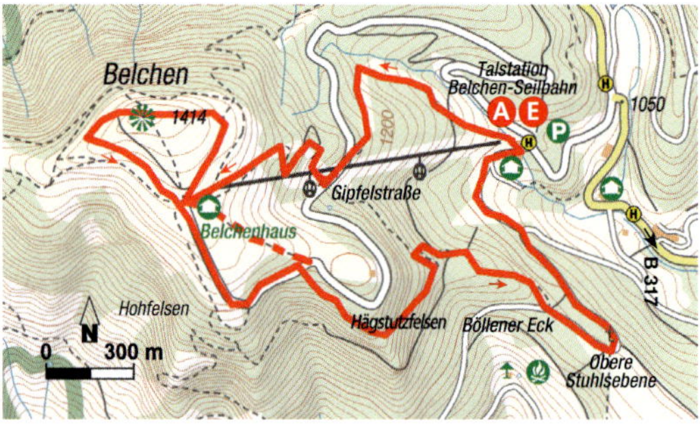

Für den Aufstieg gehen wir von der Talstation der Belchen-Seilbahn ein paar Schritte auf das Jägerstüble zu, um dann rechts abzubiegen. Damit unterqueren wir die Seilbahn und folgen der blauen Raute über eine von Wäldern begrenzte Wiese. Bald kreuzen wir einen Wirtschaftsweg und spazieren über eine Kuhweide. Nun schwenkt der Weg nach Süden, wodurch wir ein zweites Mal die Seilbahn unterqueren, ein Waldstück streifen und schließlich auf die Gipfelstraße treffen. Unser Wanderweg setzt sich auf der anderen Seite der Straße fort. Über mehrere Kehren erfolgt der Aufstieg mal im lichten Bergwald, mal auf offener Weide, auf jeden Fall geht es aber hinauf zum Belchenhaus.

Sowie wir das oftmals gut besuchte Lokal passiert haben, wechseln wir auf den Gipfelrundweg. Auf ihm überwinden wir die letzten 60 Höhenmeter bis hoch auf den Gipfel, der uns bei guten Bedingungen eine fantastische Rundumsicht eröffnet. Nahe dem Kreuz hilft das Belchenvisier, die Orte und Berge zielsicher zu bestimmen.
Wieder zurück beim Belchenhaus erfolgt der Abstieg zunächst wahlweise über die Straße oder auf dem Wiesenpfad. Wo beide Varianten zusammentreffen, verlassen wir die Straße auf ihrer rechten Seite und folgen erst der gelben und im weiteren Verlauf der blauen Raute über das Böllener Eck zur Oberen Stuhlsebene, eine von Weidfeldern geprägte Hochebene. Für den Rückweg biegen wir links ab und wandern erneut der gelben Raute nach durch den Wald und am Jägerstüble vorbei zur Talstation der Belchenbahn.

Belchenbahn

Seit 2001 ist die Expo-Seilbahn der Weltausstellung von Hannover am Belchen im Einsatz. In wenigen Minuten überwinden die gelben Gondeln die 262 Höhenmeter bis zum Belchenhaus.

Aussicht vom Belchen durch das Belchenbachtal auf Neuenweg sowie bis zu den Schweizer Alpen

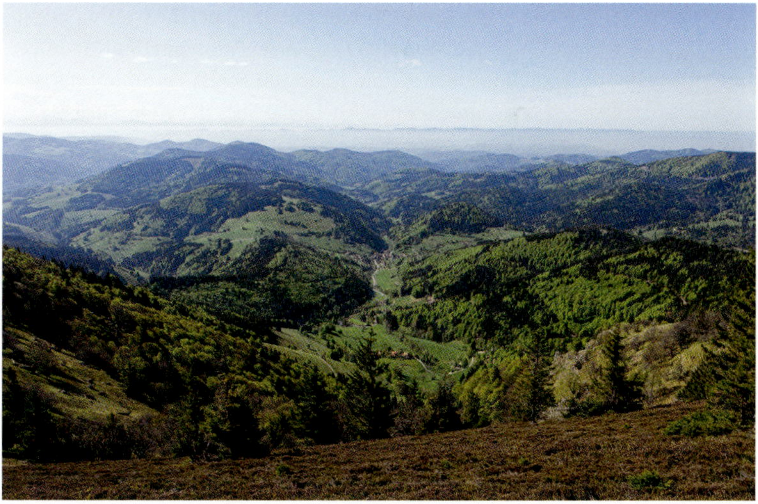

42 Zur Kälbelescheuer

Locker um den Sirnitz

Mittel	5 km	240 Hm	1.45–2.15 Std.

Tourencharakter: Beim Aufstieg ab Sirnitz sind Trittsicherheit und Kondition gefragt, sonst ist die Runde bequem zu wandern.

Ausgangspunkt/Endpunkt: Wanderparkplatz Kreuzweg (1071 m)

Höchster Punkt: Nordöstlich Sirnitz (ca. 1100 m)

Anfahrt: Auto: Von der A5 bei Ausfahrt 65 nach Müllheim abfahren, ab Müllheim weiter über die L131 Richtung Schönau bis zum Wanderparkplatz Kreuzweg fahren. Von Osten über die B317 bis Wembach, dort auf die L131 abbiegen. GPS: 47.8000, 7.7781; Bus & Bahn: Es bestehen Busverbindungen ab Badenweiler zur Haltestelle Neuenweg Kreuzweg, Kleines Wiesental.

Einkehr: Kälbelescheuer, täglich ab 11 Uhr, www.kaelbelescheuer.de

Beste Jahreszeit: Mai bis Oktober

Karte: Karte des Schwarzwaldvereins 1:25000, W257 Schönau

Informationen: www.kleines-wiesental.eu

Bei der Kälbelescheuer geben sich Wanderer und Ausflügler quasi die Klinke in die Hand. Beinahe zumindest, denn so wie die Sonne scheint, nehmen die meisten auf der Terrasse zu Kaffee, Kuchen und regionalen Gerichten erst mal Platz. Recht haben sie!

Wir starten beim Wanderparkplatz Kreuzweg gegenüber vom Skilift am Weiherkopf. Vor allem am südlichen Ende des Platzes erwartet uns eine herrliche Aussicht über die Täler des Kreuzbächles und der Kleinen Wiese bis zum Belchen und zu den Bergen jenseits des Wiesentals. Für die Wanderung orientieren wir uns an der gelben Raute in Richtung Sirnitz. Nach wenigen Schritten entlang der L131 zweigt diese links auf einen augenscheinlich wenig begangenen Weg ab. Dieser erste Abschnitt der Runde verläuft etwas unterhalb der Straße, eröffnet uns aber weitere schöne Ausblicke über das Klemmbachtal.

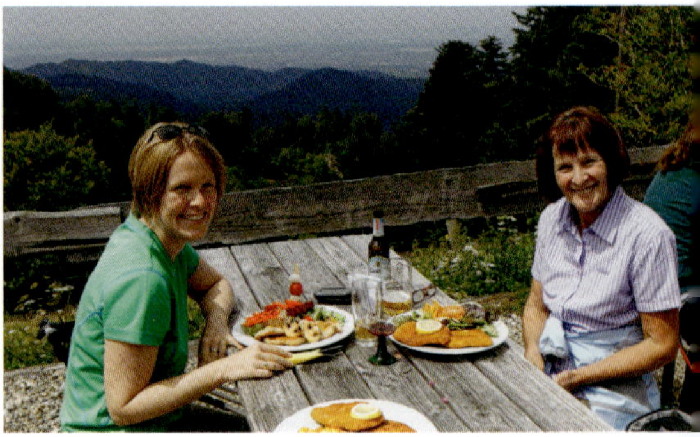

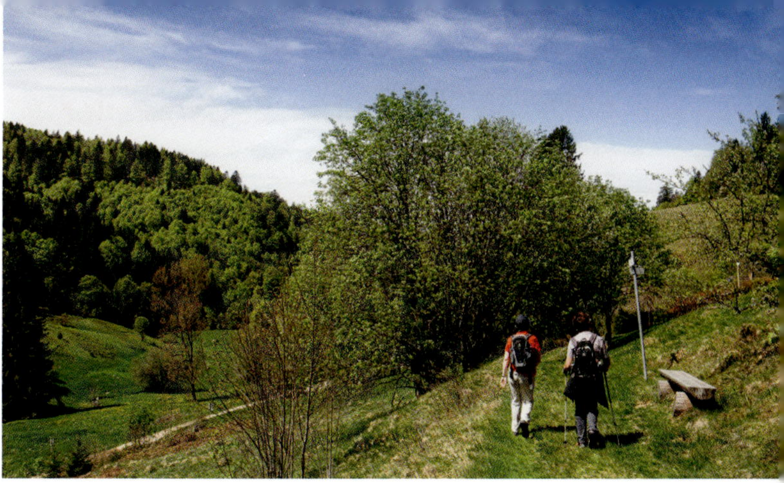

Nach anderthalb Kilometern biegen wir beim Wegweiser Sirnitz Sonnewegle rechts ab. Sobald wir die Landstraße gekreuzt haben, folgen wir der gelben Raute auf wechselnden Wegen in den Wald. Als Ergänzung zur Beschilderung des Schwarzwaldvereins haben auch die Betreiber der Almgaststätte ihre Hinweise angebracht. Wir sollten also sicher über den Bergrücken und weiter in nordöstlicher Richtung zur Kälbelescheuer finden. Auf den letzten Metern oberhalb des Ausflugslokals können wir es ruhig angehen lassen. Die Sicht von hier auf den Belchen ist einfach toll.

Oben: Wanderweg zwischen Kreuzweg und Sirnitz-Sonnenwegle

Linke Seite: Wohlverdiente Einkehr in der Kälbelescheuer

Auf der Sonnenterrasse der Kälbelescheuer angekommen, wechselt die Blickrichtung und wir sehen über die Oberrheinebene bis zum Gipfelkamm der Hochvogesen. Der spätere Rückweg erfolgt ab dem Wegweiser oberhalb der Kälbelescheuer ebenfalls mit der gelben Raute. Es geht durch zwei Kehren in den Wald und abschließend zwischen Sirnitz und Weiherkopf hindurch zum Wanderparkplatz Kreuzweg.

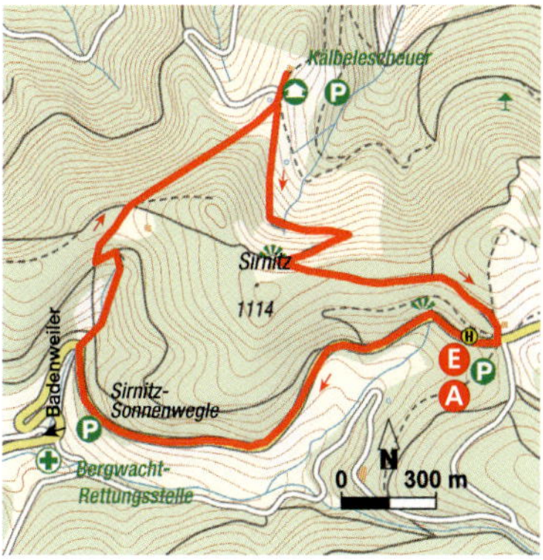

43 Wälder über Badenweiler

Alter Mann und Prinzensitz

Leicht/Mittel | 6,8 km | 270 Hm | 2.45–3.15 Std.

Tourencharakter: Angenehm zu gehende waldreiche Runde auf Forstwegen und Pfaden mit schönem Ausblick auf die Burg Baden

Ausgangspunkt/Endpunkt: Parkplatz Süd (480 m)

Höchster Punkt: Prinzensitz (680 m)

Anfahrt: Auto: Die A5 bei Ausfahrt 65 nach Müllheim verlassen, weiter über die L131 bis Badenweiler fahren und dort in die Ernst-Eisenlohr-Straße zur Stadtmitte abbiegen. Beim Schlossplatz links auf die Blauenstraße zum Parkplatz abbiegen. GPS: 47.7961, 7.6693; Bus & Bahn: Es bestehen Busverbindungen ab dem Bahnhof Müllheim zur Haltestelle René-Schickele-Brunnen in Badenweiler.

Einkehr: In Badenweiler

Beste Jahreszeit: April bis Oktober

Karte: Karte des Schwarzwaldvereins 1:25000, W256 Müllheim

Informationen: www.badenweiler.de

Durch die Nähe und gute Erreichbarkeit ist Badenweiler auch bei Franzosen ein beliebter Kur- und Ausflugsort. Entsprechend lebhaft geht es rund um den Schlossplatz zu. Diese Runde umschmeichelt uns allerdings mit einer angenehmen Ruhe.

Ab dem Parkplatz Süd nahe dem René-Schickele-Brunnen folgen wir dem mit der gelben Raute gekennzeichneten Weg entlang der Blauenstraße in Richtung Hausbaden. Wenige Meter vor der Reha-Klinik biegt der Wanderweg links ab und führt uns über den Wegweiser Hausbaden zum Alten Mann. Der Begriff entstammt der Bergmannssprache und bezeichnet abgebaute bzw. aufgegebene Erzgruben. Oberhalb der Felsen finden wir eine schöne Rastmöglichkeit.
Weiter geht es mit der blauen Raute über die Kreuzung mit der Musbachstraße hinweg sowie am Schu-

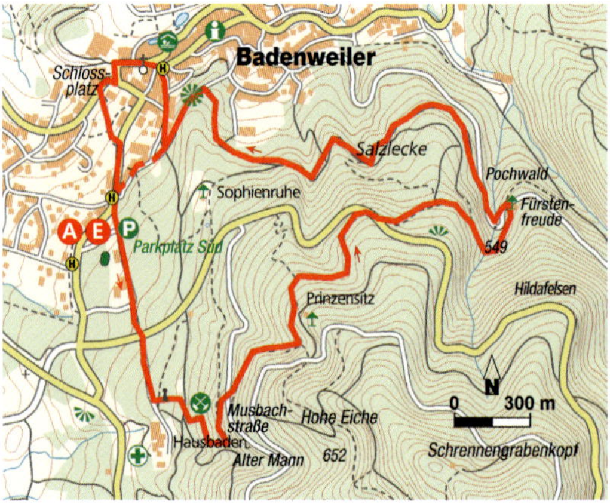

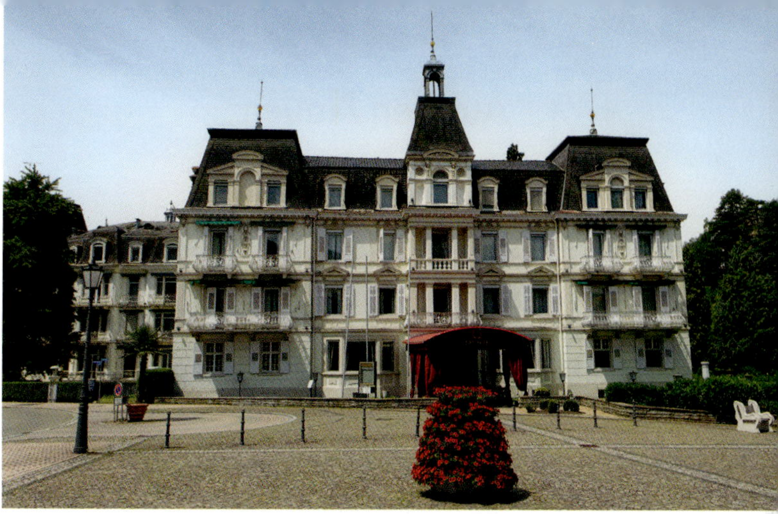

Das Panacée Grand Hotel Römerbad war bei Drucklegung dieses Buchs wegen Renovierungsarbeiten geschlossen.

bergfels vorbei bis zum Wegweiser Prinzensitz. Dort wechseln wir geradeaus auf den mit der gelben Raute markierten Weg, lassen den Abzweig nach Badenweiler links liegen und folgen den Wegmarkierungen über die Landstraße hinweg. Vom Pochwaldweg zweigen wir links ab und gelangen so zur Fürstenfreude, wo wir eine weitere Schutzhütte finden.

Für den Rückweg nach Badenweiler biegen wir bei der Hütte scharf links ab und folgen dem Weg über den Jungvogelbachgraben zum Wegweiser Pochwald. Nun wechseln wir halblinks auf den Fürstenfreudeweg zur Salzlecke und halten uns dort halbrechts, sodass wir auf dem Salzleckweg bleiben. Wo dieser endet, biegen wir links ab und kommen zu einer Stelle mit schöner Sicht auf die Burg Baden. Ein Stück weiter treffen wir auf die Moltkestraße. Geradeaus ginge es direkt zum René-Schickele-Brunnen, aber schöner ist es freilich, rechts abzubiegen und die Schleife über den Schlossplatz mitzunehmen. Von dort erfolgt der spätere Rückweg durch den Schlosspark.

Herrschaftliche Besuche

Um 1900 war Badenweiler ein beliebtes Ziel für gekrönte Häupter. Zu den Besuchern zählten mehrere Fürsten und Könige. Heute erinnert am Alten Mann eine Tafel an den Aufenthalt von Kaiserin Auguste Viktoria.

44 Auf den Blauen

Variante über den Steinenboden

Mittel | 7,6 km | 300 Hm | 2.30–3 Std.

Tourencharakter: Für den Aufstieg ab Steinenboden sind eine gute Kondition am Berg und griffiges Schuhwerk von Vorteil. Die Beschilderung ist sparsam. Der direkte Weg über den Westweg ist deutlich leichter.

Ausgangspunkt/Endpunkt: Parkplatz Egerten (925 m)

Höchster Punkt: Blauen (1165 m)

Anfahrt: Auto: Von der A5 bei Ausfahrt 65 nach Müllheim abfahren, weiter über die L131 nach Badenweiler und vom südlichen Ortsende der L140 bis zum Parkplatz Egerten folgen. GPS: 47.7858, 7.7211; Bus & Bahn: –

Einkehr: Berghaus Hochblauen, täglich ab 10 Uhr, www.berghaus-hochblauen.de

Beste Jahreszeit: April bis Oktober

Karte: Karte des Schwarzwaldvereins 1:25 000, W256 Müllheim

Informationen: www.badenweiler.de

Wer vom elsässischen Mulhouse auf den Schwarzwald zufährt, sieht als erste herausragende Landmarke den Blauen. Allein durch seinen Fernsehturm ist der Hausberg von Badenweiler und des Markgräflerlands unverkennbar.

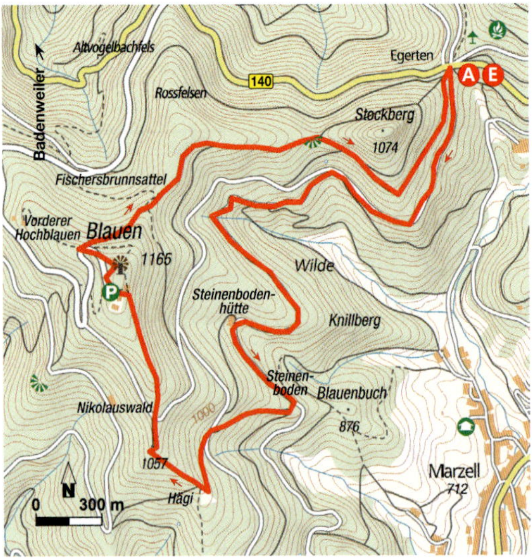

Schon an unserem Ausgangspunkt bei Egerten ist der Blauen angeschrieben. Auf dem hier bequem wanderbaren Westweg wären es bis dorthin zweieinhalb Kilometer. Für unsere Variante folgen wir der gelben Raute südlich der L140 in Richtung Schloss Bürgeln. Auf dem ersten Abschnitt nutzen wir damit den gut begehbaren Hexenplatzweg. Dieser schwenkt bald nach Nordwesten und führt uns zu einer Wegkreuzung, an der wir halblinks auf den Steinenbodenweg wechseln. Wenige Schritte weiter entdecken wir dann auch wieder die gelbe Raute.

Nach 400 Metern lassen wir den Abzweig ins Wildbächletal links liegen und erreichen im weiteren Verlauf nach mehreren Kurven die Steinenbodenhütte. Diesmal halten wir uns wenige Schritte vor der Hütte links und gelangen als Nächstes zum Wegweiser Steinenboden. Dort biegen wir zweimal direkt nacheinander halbrechts ab und begeben uns auf den steinigen Weg bergauf. Dieser kreuzt zunächst den Hexenplatzweg, ehe wir bei Hägi auf den Westweg treffen, dem wir nach rechts weiter bergan über »Nikolauswald« auf den Blauen folgen.

Gleitschirmfliegen

Am Hochblauen organisiert der Hängegleiterclub Regio Blauen das Gleitschirmfliegen. Mehrere Piloten bieten Tandemflüge an (www.luftzeiten.de).

Oben angelangt, eröffnen uns das Gipfelplateau und der 1895 errichtete Blauenturm ein herrliches Panorama. Im Osten sind der Belchen und der Feldberg deutlich zu erkennen. Schauen wir nach Westen, reicht der Blick über Mulhouse hinweg auf den Thanner Hubel und die Vogesen. Wenden wir uns nach Süden, reihen sich die Gipfel der Alpen aneinander – unterbrochen allerdings vom monströsen Fernsehturm. Mit dennoch schönen Eindrücken erfolgt der Rückweg auf dem Westweg über die Wegweiser Vorderer Hochblauen, Fischersbrunnsattel und Stockberg hinunter zum Wanderparkplatz Egerten.

Eine Metallscheibe hilft dabei, das Panorama vom Blauen-Aussichtsturm zu entschlüsseln.

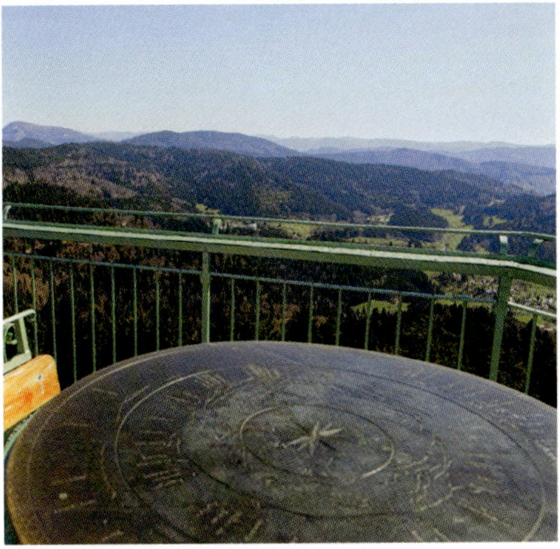

45 Schloss Bürgeln

Loge über der Oberrheinebene

Leicht | 7 km | 250 Hm | 2.30 Std.

Tourencharakter: Die Runde nutzt bequem begehbare Forst- und Waldwege sowie asphaltierte Landwirtschaftswege.

Ausgangspunkt/Endpunkt: St. Johannisbreite (480 m)

Höchster Punkt: Schloss Bürgeln (650 m)

Anfahrt: Auto: Von der A98 bei Ausfahrt 4 nach Kandern abfahren, ab Kandern weiter über die L132 Richtung Badenweiler bis St. Johannisbreite fahren. Alternativ erfolgt die Anfahrt über Badenweiler oder auch Schliengen.
GPS: 47.7430, 7.6615;
Bus & Bahn: Ab Bahnhof Müllheim und Busbahnhof Kandern bestehen wenige Verbindungen zur Haltestelle St. Johannisbreite, Kandern.

Einkehr: Schloss Bürgeln, täglich ab 11 Uhr, Do ist Ruhetag, www.schlossbuergeln.de

Beste Jahreszeit: Ganzjahrestour

Karte: Karte des Schwarzwaldvereins 1:25000, W256 Müllheim

Informationen: www.kandern.de

Ob Hochzeit, Taufe oder Geburtstag, beim Schloss Bürgeln fallen die Festgesellschaften in Scharen ein. Wer will es ihnen verübeln? Die Kulisse mit der zweiläufigen Treppe und dem frühklassizistischen Schloss ist eine Perle im Markgräflerland.

Ab der St. Johannisbreite ließe sich das Ziel dieser Tour theoretisch nach nur 1,8 Kilometern erreichen. Um aus der Wanderung aber eine runde Sache zu machen, schlagen wir zunächst die entgegengesetzte Richtung ein. Damit folgen wir der gelben Raute zum Waldrand und wandern links über Egertle und Enzenberg hinunter nach Sitzenkirch. Jenseits der Durchgangsstraße

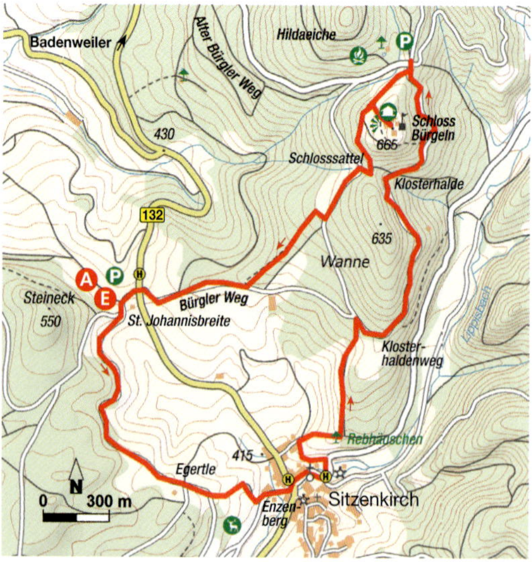

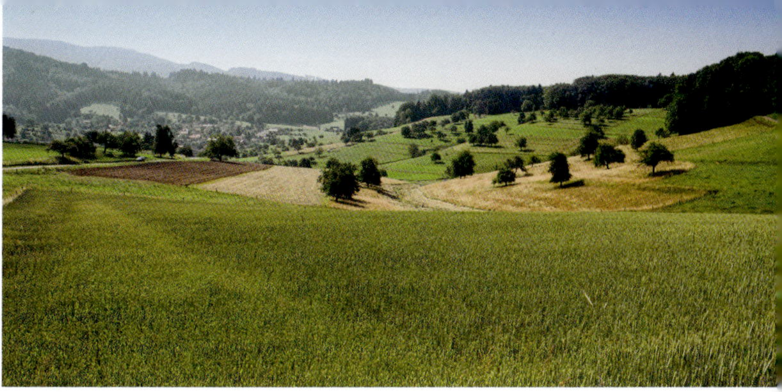

führt uns der Weg durch die Mühlenstraße an einer historischen Kundenmühle vorbei, ehe wir beim Ortsschild links auf den landschaftlichen Weg wechseln. Dieser beschreibt bald einen weiten Rechtsbogen und nimmt Kurs auf den Wald und das Rebhäuschen. An diesem wenden wir uns nach links und spazieren zunächst in nördlicher Richtung am Wald entlang, dann über eine Wiese und schließlich in den Wald hinein zu einer Wegkreuzung. Rechts ab erfolgt der weitere Aufstieg auf dem Klosterhaldenweg bis zum Wegweiser Klosterhalde. Hier haben wir die Wahl: Die kurze Variante führt auf steilem Terrain links über den Schlosssattel hoch zum Schloss. Angenehmer zu laufen ist freilich der längere Weg über den Wegweiser Bürgler Waldwegli. So kommen wir zum Parkplatz von Schloss Bürgeln, der über einen Fahrweg mit dem Schloss verbunden ist.

Es geht auch ohne Mais: mit Feldern und Wiesen reich gegliederte Kulturlandschaft zwischen der St. Johannisbreite und Sitzenkirch.

Oben angelangt, finden wir auf der Aussichtsterrasse der Schlosswirtschaft den perfekten Ort für eine stilvolle Pause vor. Auch wenn um uns herum alles piekfein wirkt: Wanderer sind willkommen! Zurück nehmen wir den direkten Weg zum Schlosssattel, biegen dort erst rechts und 80 Meter weiter links ab und folgen der gelben Raute auf wechselnden Wegen hinunter zur St. Johannisbreite.

Schlossführung

Von März bis November werden täglich zwischen 11 und 16 Uhr zur vollen Stunde Führungen durch Schloss Bürgeln angeboten. Auch Klassentreffen und Weinproben sind möglich (www.schlossbuergeln.de).

46 Zum Klosterweiher

Aufstieg ab der Ibacher Kluse

Mittel/Schwer | 9,6 km | 320 Hm | 3-4 Std.

Tourencharakter: Waldreiche Runde über Forstwege und Pfade, nach dem ersten Anstieg mit Aussicht über die Hochfläche zwischen Ibach und Wittenschwand

Ausgangspunkt/Endpunkt: Loipenhütte St. Blasien (480 m)

Höchster Punkt: Westlich vom Hochkopf (1070 m)

Anfahrt: Auto: Von der B 500 bei Häusern auf die L 149 nach St. Blasien abbiegen, dort von der Umgehungsstraße auf die L 150 Richtung Todtmoos abzweigen. Der Parkplatz liegt kurz vor Urbergersäge. GPS: 47.7528, 8.1028; Bus & Bahn: Ab Todtmoos, St. Blasien und Albbruck gibt's Busverbindungen zur Ibacher Kluse.

Einkehr: Landgasthof Klosterweiherhof, Mi bis So ab 10 Uhr, www.klosterweiherhof.com

Beste Jahreszeit: April bis Oktober

Karte: Karte des Schwarzwaldvereins 1:25 000, W258 Titisee-Neustadt

Informationen: www.hochschwarzwald.de/St.-Blasien

Zugegeben, auf dem ersten Viertel der Runde ist die Steigung nicht unerheblich. Sowie wir das Schorrmättle erreicht haben, entschädigt uns jedoch die weite Aussicht über die Hochlagen und Weidfelder im Hotzenwald.

Ab dem Parkplatz bei der Loipenhütte geht es über die L 150 zur Ibacher Kluse. Der Weg führt uns über das Stauwehr hoch zum Wegweiser Urberger Säge. Wir biegen rechts ab und treffen auf die K 6590. Dort halten wir uns rechts, spazieren um das Sägewerk herum und wechseln bei der Mündung einer zweiten Kreisstraße links auf den Alten Klosterweg. Damit folgen wir der blauen Raute durch den Klosterwald hinauf zum Schorrmättle.

Oben treffen wir auf den Schluchtensteig. Wir biegen links ab und folgen ihm über die Wegweiser Hohrütte, Bruchhalden, Auf den Köpfen und Am Kreuzfelsen auf den Kreuzfelsen. Oberhalb von Wittenschwand eröffnet uns der Felsen eine herrliche Sicht auf die Alpenkette. Anschließend geht es an der Friedrich-August-Grube vorbei hinunter zum Klosterweiher und dem Klosterweiherhof.

Bei dem Gasthof überqueren wir die Straße und folgen der Beschilderung des Steigs über Horbach-Bühl zum Alpenpanorama Horbach. 200 Meter weiter biegen wir beim Waldrand links ab und wandern auf dem Steig noch bis zum Hoheck. Ab dort erfolgt der Rückweg mit der gelben Raute in Richtung Horbacher Moor. Dort, wo wir wieder auf die Straße treffen, halten wir uns rechts und gehen auf der Straße zur Einmündung

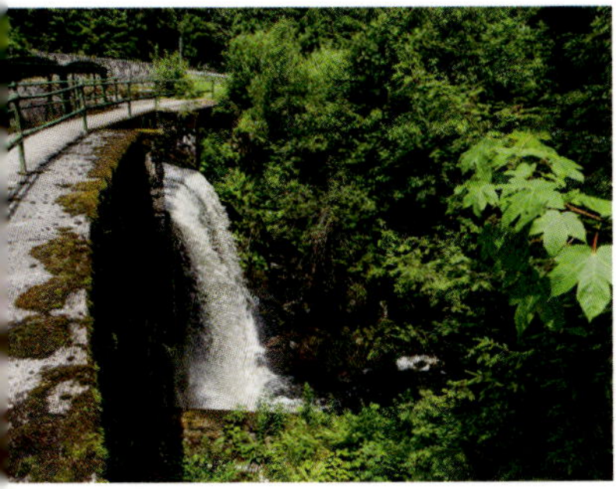

Schluchtensteig

Der Schluchtensteig eröffnet Wanderern auf sechs Etappen Einblicke in tief eingeschnittene Täler im Südschwarzwald, führt aber auch zu einigen Aussichtspunkten. Wir haben ihn im Wanderführer »Schwarzwald-Steige« (Bruckmann Verlag) näher beschrieben.

Künstlicher Wasserfall bei der Ibacher Kluse

der K 6527. Erneut rechts und dann auf der linken Seite der Straße gelangen wir einen Steinwurf weiter wieder auf einen vernünftigen Wanderweg. Dieser führt uns in nördlicher Richtung durch den Wald bis Waibelschwand, wo es links zur Urberger Säge und zu unserem Ausgangspunkt bei der Loipenhütte geht.

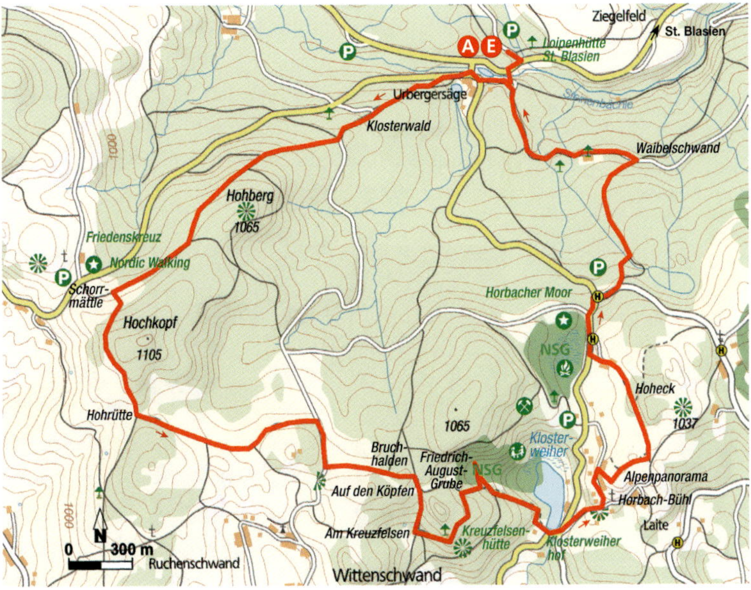

47 Loipenhausrunde bei Höchenschwand

Sonnenterrasse des Dorfs am Himmel

Leicht | 3,5 km | 80 Hm | 1.15 Std.

Tourencharakter: Sehr einfache Runde über breite Forst- und Waldwege sowie über die aussichtsreiche Hochfläche von Höchenschwand

Ausgangspunkt/Endpunkt: Natursportzentrum Höchenschwand (1005 m)

Höchster Punkt: Südlich Natursportzentrum (ca. 1015 m)

Anfahrt: Auto: Von der B500 bei Höchenschwand zum Natursportzentrum abfahren. GPS: 47.7365, 8.1604; Bus & Bahn: Ab dem Bahnhof Waldshut und dem Busbahnhof St. Blasien bestehen Busverbindungen zur Haltestelle Kurhaus Höchenschwand.

Einkehr: Loipenhaus, werktags ab 11 Uhr, So und feiertags ab 10 Uhr, www.loipenhaus-hoechenschwand.de

Beste Jahreszeit: Ganzjahrestour, außer bei viel Schnee

Karte: Karte des Schwarzwaldvereins 1:25 000, W258 Titisee-Neustadt

Informationen: www.ferien-suedschwarzwald.de

Die Loipenhausrunde zählt zu den beliebtesten Wanderwegen im Kurort Höchenschwand. Insbesondere bei Inversionswetterlagen mit Sonne in den Hochlagen und Nebel über dem Hochrhein nehmen Wanderer und Spaziergänger die Wege gleichermaßen in Beschlag.

Vom Startpunkt am Natursportzentrum wären es eigentlich nur wenige Meter bis zum Loipenhaus. Für diese kurze Wanderung wählen wir indes zunächst die entgegengesetzte Richtung, überqueren auf dem Fußweg die Brücke über die B500 und gelangen so nach Höchenschwand. Bei der katholischen Kirche biegen wir links auf die Kurpromenade ab und passieren in einigem Abstand das Haus des Gastes. Wir befinden uns hier auf einem Teilstück des Mittelwegs. Er führt uns zurück auf die nördliche Seite der Bundesstraße, wo sich die Sicht zu den Bergen rund um Häusern öffnet.

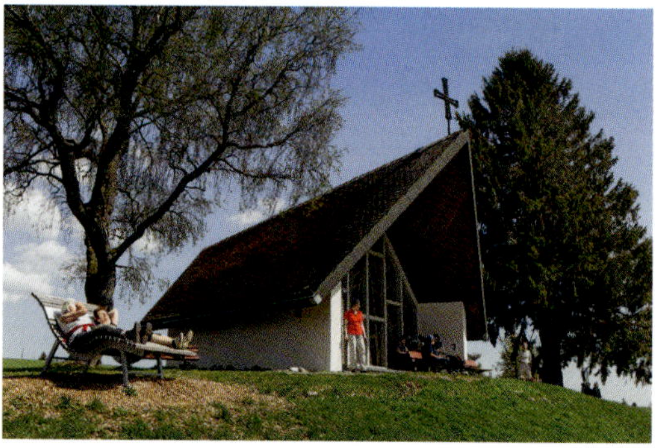

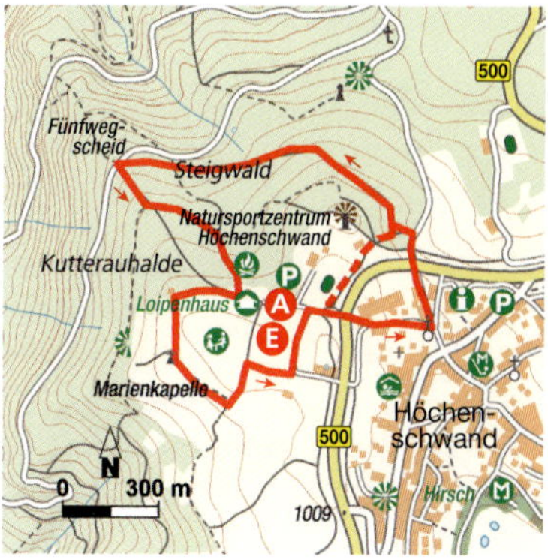

Beim Wegweiser Unterführung verlassen wir den Fernwanderweg schon wieder und folgen der gelben Raute nach links in den Wald. Auf dem bequem zu gehenden Katzendöbelebuckweg wandern wir zunächst bergab durch die tiefste Stelle der Loipenhausrunde und dann wieder bergauf zum Fünfwegscheid. Ab dort folgen wir der gelben Raute erst dreimal kurz nacheinander links und dann rechts hinauf zum Loipenhaus. Insbesondere an milden, sonnigen Wochenenden wird das Ausflugslokal stark frequentiert. Auf einen freien Platz haben wir selbst dennoch nie lange warten müssen, sodass es mit der Einkehr klappen sollte.

Danach haben wir die Wahl: Links wären die Parkplätze beim Natursportzentrum in wenigen Minuten erreicht. Schöner ist es natürlich, zunächst rechts abzubiegen und dem Höhenweg zur Marienkapelle zu folgen. Wo der Weg im weiteren Verlauf endet, biegen wir links ab, nehmen die Rechtskurve und treffen schließlich auf die Zufahrt zum Natursportzentrum.

Linke Seite: Die Marienkapelle zählt zu den beliebtesten Wander- und Spazierzielen bei Höchenschwand.

Unten: Kur- und Höhenweg bei Höchenschwand

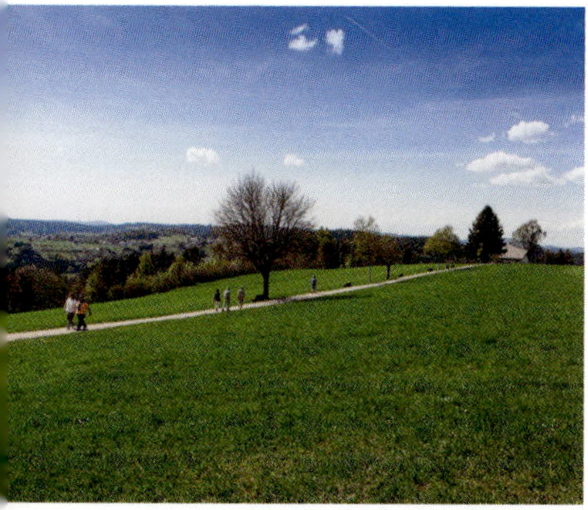

Schinkenweg

Die Loipenhausrunde hat mehrere Berührungspunkte mit dem Schinkenweg. Der 12,5 km lange Themenweg informiert über die Veränderungen des bäuerlichen Lebens vor allem während des 20. Jahrhunderts und wird im Wanderführer »Wanderungen für Langschläfer Schwarzwald« (Silberburg Verlag) vorgestellt.

48 Höchenschwander Wolfspfad

Einem Rückkehrer auf der Spur

Mittel | 4,2 km | 130 Hm | 1.30–2 Std.

Tourencharakter: Abwechslungsreiche Waldrunde mit einigen schön umgesetzten (Spiel-)Stationen zum Wolf und seinem Lebensraum.

Ausgangspunkt/Endpunkt: Dumrigparkplatz (720 m)

Höchster Punkt: Hochfläche Horn (ca. 730 m)

Anfahrt: Auto: Von der B 500 bei Höchenschwand nach Strittberg abfahren, den Ort über die südliche Straße verlassen und der Beschilderung über die landwirtschaftlichen Wege zum Wolfspfad folgen. GPS: 47.7110, 8.2040; Bus & Bahn: –

Einkehr: Auf der Strecke; schöne Rastmöglichkeit

Beste Jahreszeit: Mai bis Oktober

Karte: Karte des Schwarzwaldvereins 1:25 000, W258 Titisee-Neustadt

Informationen: www.feriensuedschwarzwald.de

Baden-Württemberg ist ein Wolfserwartungsland. Das heißt, einzelne Tiere können jederzeit und hier vorzugsweise aus der Schweiz zuwandern. Der Wolfspfad bei Höchenschwand informiert über Isegrims Lebensraum und seine natürlichen Verhaltensweisen.

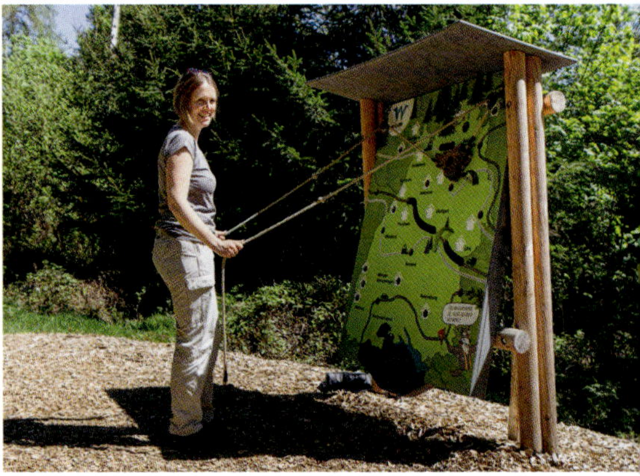

Auf den ersten Metern geht es vom Dumrigparkplatz entlang des Walds zum Startpunkt des Wolfspfads. Wer die Spiele unterwegs mitmachen möchte, erhält beim Kugelautomat das entsprechende Spielgerät, der Unkostenbeitrag liegt bei 50 Cent. Wir durchlaufen den Pfad im Uhrzeigersinn, wobei der Themenweg eine eigene Beschilderung besitzt. Nach rund 100 Metern am Waldrand tauchen wir in den Wald ein. Wenige Schritte, bevor der Weg in die Dumrigstraße mündet, biegen wir mit dem »W« erst links und dann

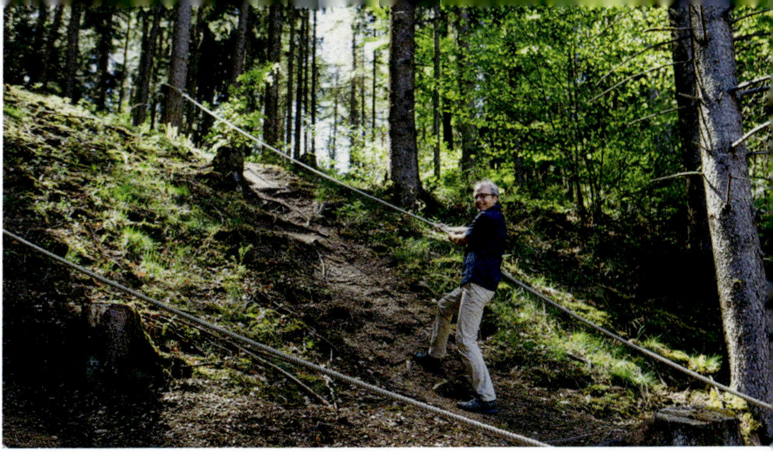

Oben: Hier sind Muckis gefragt! Damit ist die Station Chefsache.

Linke Seite: Auf dem Wolfspfad vermitteln uns liebevoll umgesetzte Stationen Einblicke in das Leben der Wölfe.

rechts ab. Wir kommen damit zur Station »Auf gefährlicher Reise«, wo wir unser Geschick im Umgang mit der Holzkugel unter Beweis stellen können.

Anschließend schwenkt der Pfad nach Norden, wo wir die (Aussichts-)Station »Mit allen Sinnen« passieren, ehe wir nochmals den Waldrand erreichen. 150 Meter weiter knickt der Themenweg nach rechts zum Spiel- und Rastplatz ab. Auf dem sogenannten Rendezvousplatz ist einiges geboten: Wir können hier nach Wölfen suchen, uns an Seilen den Hang hochziehen und unsere Holzkugeln rollen lassen. Oder wir machen es uns am Tisch oder auf der drehbaren Himmelsliege gemütlich. Gut erholt spazieren wir schließlich links um die Lichtung herum und folgen der gelben Raute zum Wegweiser Hornweg. Bei dem Wegekreuz zweigt der Wolfspfad rechts ab und beschreibt mehrere Kurven. Nachdem sich kurz die Sicht nach Süden hin zu den Alpen öffnet, erreichen wir auch schon die Station »Tischlein deck dich«. Wir lernen die Fressgewohnheiten Isegrims kennen und stehen kurz darauf bei der nächsten Wegkreuzung vor der

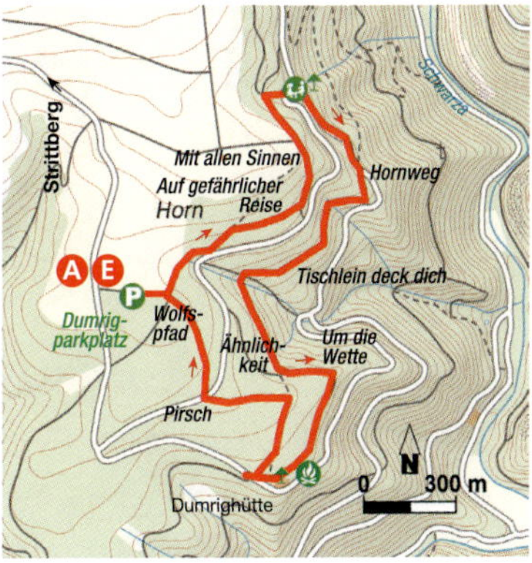

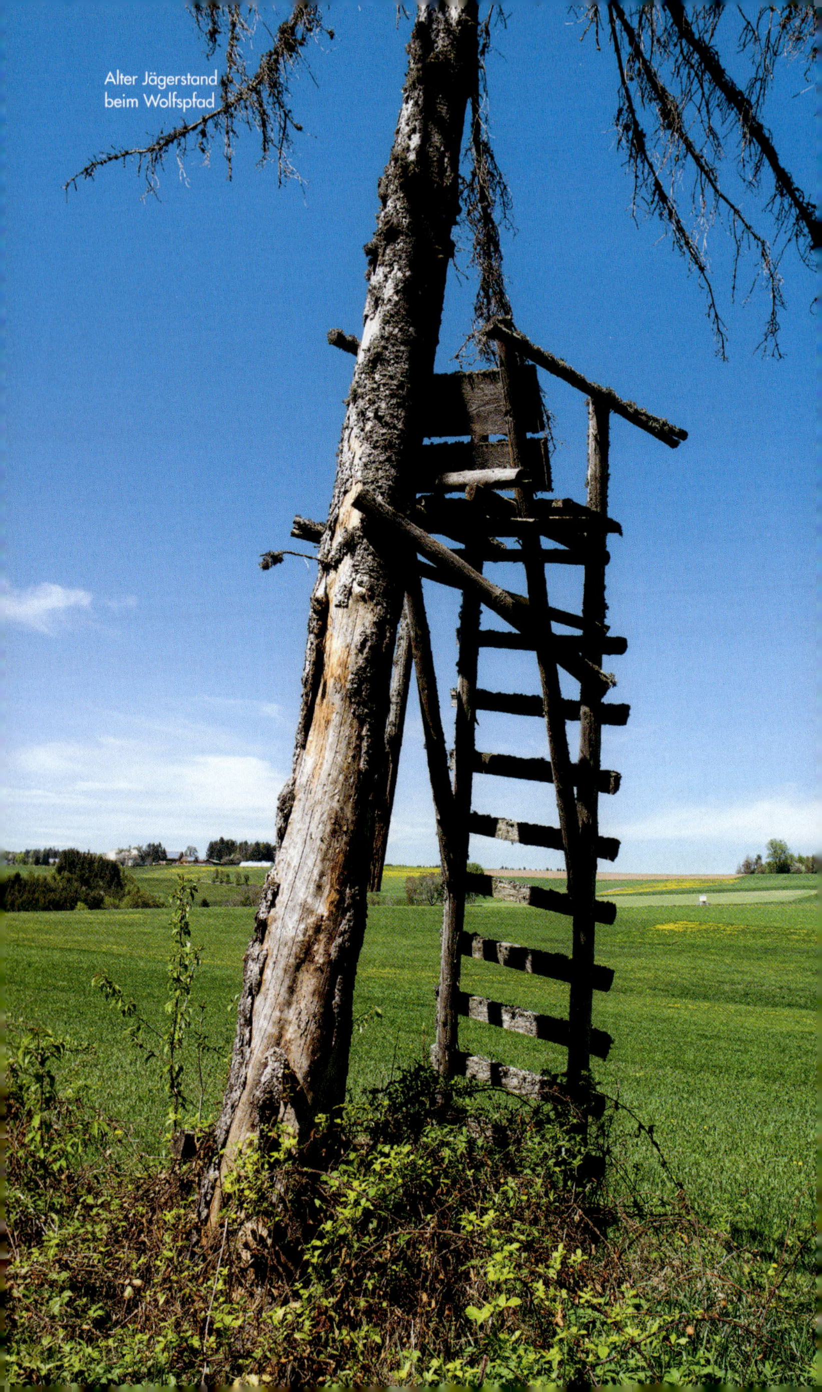

Alter Jägerstand beim Wolfspfad

Wahl: Wer bereits genug gesehen hat, kann geradeaus zum Start und Ziel abkürzen. Alle anderen folgen dem »W« nach Süden über den Felsenweg zur Station »Ähnlichkeit«.

Dort biegen wir links ab, passieren möglichst flink die Station »Um die Wette« und folgen der Beschilderung hinunter zur Dumrighütte. Seit Fertigstellung des Themenwegs im Juli 2017 wird die Hütte Wolfshütte genannt. Sie befindet sich am Schnittpunkt des Pfads mit dem Wolfssteig. Hier finden wir auch den zweiten großzügig angelegten Rastplatz mit Brunnen, Grillstelle, Sitzgruppen und sogar einem Bio-WC. Am Gebäude selbst informieren weitere Tafeln über den Wolf und den Schutz von Nutztieren. Für den Rückweg biegen wir westlich der Hütte rechts ab und passieren eine Märchenstation. Der letzte Abschnitt führt uns erst in nördlicher und dann in westlicher Richtung zur Station »Pirsch« und von dort nach rechts weiter bergauf zum Ziel.

Wolfssteig

Der Wolfssteig ist der große Bruder vom Wolfspfad. Er führt vom Wildgehege in Waldshut über den Hungerberg und das Rosendorf Nöggenschwiel bis hoch zum Kreuzstein bei Höchenschwand.

Hier gilt es, sich möglichst so zu bewegen, dass keines der Glöckchen ertönt.

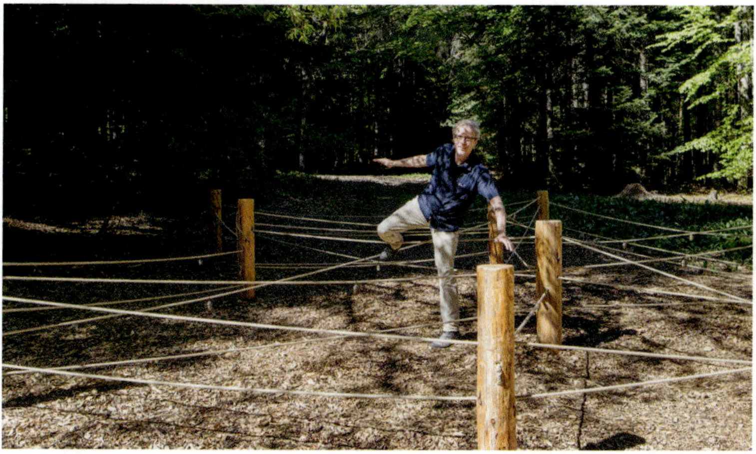

49 Kleiner Rosenwanderweg

Einmal Wildnis und zurück

Mittel/Schwer	3,5 km	150 Hm	1.15–1.30 Std.

Tourencharakter: Überraschende, kurze Runde, die im Aufstieg zum Hohfluhfelsen griffiges Schuhwerk und Trittsicherheit erfordert

Ausgangspunkt/Endpunkt: Touristinformation Josef-Raff-Platz (712 m)

Höchster Punkt: Rosenweg (725 m)

Anfahrt: Auto: Von der B500 Titisee-Waldshut auf Höhe Waldhaus auf die K6556 abbiegen und den Schildern nach Nöggenschwiel folgen. GPS: 47.6908, 8.2136; Bus & Bahn: Es bestehen Busverbindungen ab Waldshut Busbahnhof und Tiengen zur Haltestelle Nöggenschwiel Josef-Raff-Platz.

Einkehr: Auf der Strecke, in Nöggenschwiel

Beste Jahreszeit: Mai bis Oktober

Karte: Karte des Schwarzwaldvereins 1:25 000, W266 Waldshut-Tiengen

Informationen: www.rosendorf.de

Wer den kompletten Rosenwanderweg von Nöggenschwiel wandern will, braucht eine gute Kondition, denn dieser misst stolze 32 Kilometer. Verglichen damit ist der Kleine Rosenwanderweg ein Zwerg. Unterschätzen sollte man diese Runde aber nicht.

Los geht es auf dem Josef-Raff-Platz beim Infostand in Nöggenschwiel. Bereits nach wenigen Metern im Rosenweg kommen wir am Sortimentsgarten mit einer Fülle unterschiedlichster Rosenzüchtungen vorbei. Direkt danach halten wir uns rechts und folgen dem Witznauweg in die freie Landschaft. Am gleich-

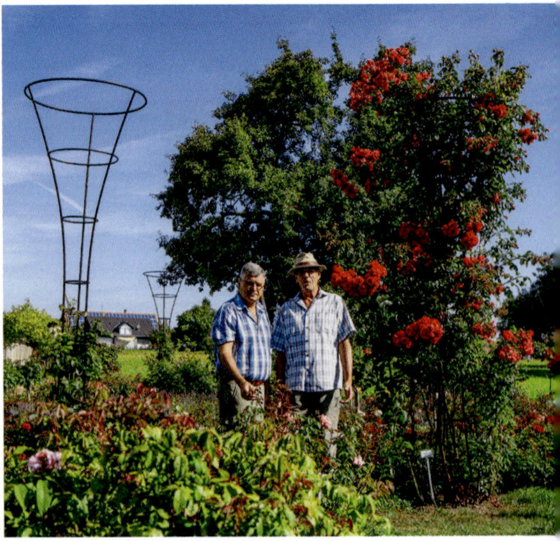

namigen Wegweiser trennen sich beide Rosenwanderwege. Während die große Runde Kurs auf Dietlingen nimmt, biegen wir links ab. Gut 250 Meter weiter wenden wir uns beim Wegweiser Ziegelgraben erneut nach links.

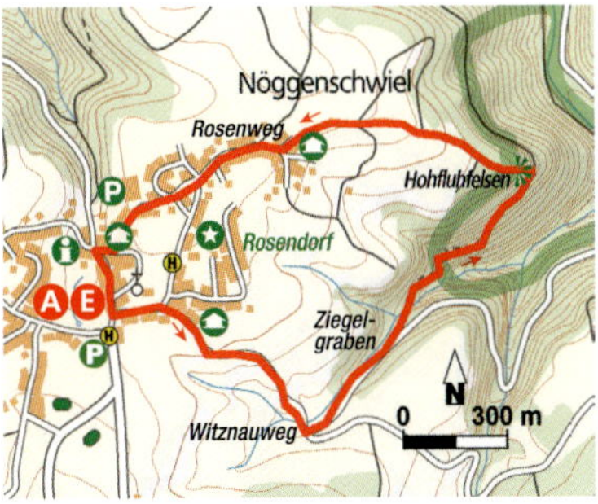

Auf dem nächsten Abschnitt orientieren wir uns an der gelben Raute. Nachdem wir den Bach überquert haben, ändert sich der Charakter der Tour. Waren wir bislang auf eher bequem zu wandernden Wegen unterwegs, führt die Runde nun über schmale Pfade durch den Bannwald. Umsicht und ein griffiges Schuhprofil sind hier von Vorteil. Gleichzeitig eröffnet uns der steinige Pfad tolle Einblicke in die Schlucht der Schwarza, ehe wir dann zum Hohfluhfelsen abzweigen und über wenige Kehren hoch auf die Aussichtskanzel steigen. Hier spätestens kommt das Bänkle wie gerufen, um sich von der kurzen Plackerei zu erholen und die Landschaft auf sich wirken zu lassen.

Rosentag

Am jeweils zweiten Juliwochenende lädt Nöggenschwiel zu den Rosentagen ein. Zu den Höhepunkten des Festes zählen der Markt um die Rose und der Große Festzug durch das Rosendorf (www.rosendorf.de).

Linke Seite: Im Rosensortimentsgarten von Nöggenschwiel

Unten: Auch damit müssen Wanderer rechnen – vom Sturm gefällte Bäume.

Im weiteren Anstieg gelangen wir an den oberen Waldrand, wo wir uns erst rechts und ein kurzes Stück weiter links halten. Mit schöner Sicht über die sanft gewellte Landschaft oberhalb der Schwarza erreichen wir bald den Ortsrand von Nöggenschwiel und treffen auf den Rosenweg. Die Beschilderung leitet uns schließlich durch die Straße Im Rebacker und den Kirchweg zurück zum Infostand.

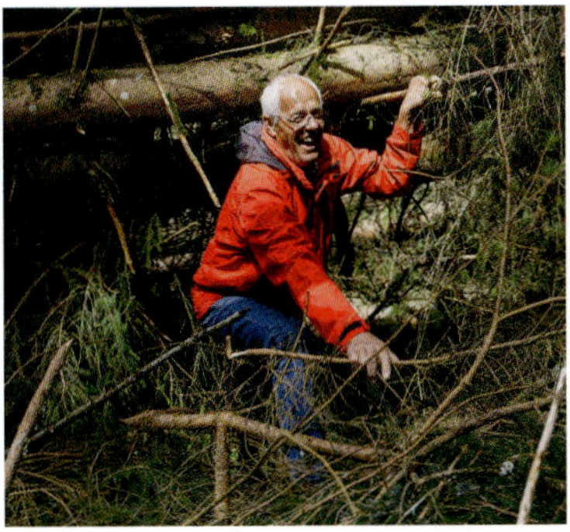

50 Gupfen

Loge über dem Hochrhein

Leicht | 9,3 km | 170 Hm | 3 Std.

Tourencharakter: In weiten Teilen verläuft die Wanderung auf wenig befahrenen Straßen und bequem begehbaren breiten Wanderwegen. Im letzten Abschnitt ist etwas Orientierungssinn von Vorteil.

Ausgangspunkt/Endpunkt: Brauerei Waldhaus (780 m)

Höchster Punkt: Nahe Brauerei Waldhaus (785 m)

Anfahrt: Auto: Die Brauerei Waldhaus befindet sich direkt an der B500 Titisee–Waldshut nahe dem Abzweig nach Nöggenschwiel.
GPS: 47.6830, 8.1582;
Bus & Bahn: Ab St. Blasien, Häusern und Waldshut fährt die Buslinie 7322 zur Haltestelle Waldhaus B500, Weilheim.

Einkehr: Gasthaus der Brauerei Waldhaus; in Bannholz

Beste Jahreszeit: Ganzjahrestour

Karte: Karte des Schwarzwaldvereins 1:25 000, W266 Waldshut-Tiengen

Informationen: www.ferien-suedschwarzwald.de

Nahe dem Gupfen begegnet uns der Wegweiser Fernblick. Der Name ist sehr passend gewählt, denn wo der Schwarzwald steil zum Hochrhein abfällt, ist die Sicht auf die Alpenkette frei. Doch auch wegen der Bergwiesen lohnt sich diese schöne Wanderung.

Vom Ausgangspunkt an der B500 führt uns der Weg um die Brauerei Waldhaus herum zur Waldhausstraße und links nach Remetschwiel. Bei der Hagwaldhalle biegen wir links in die Albtalstraße ab. Nach der Unterführung erreichen wir Bannholz, wo wir rechts in die Gupfenstraße abzweigen. Anschließend halten wir uns beim Wegweiser Im Keit halblinks und wandern schnurgerade auf den Gupfen mit dem weithin sichtbaren Pavillon hinauf.

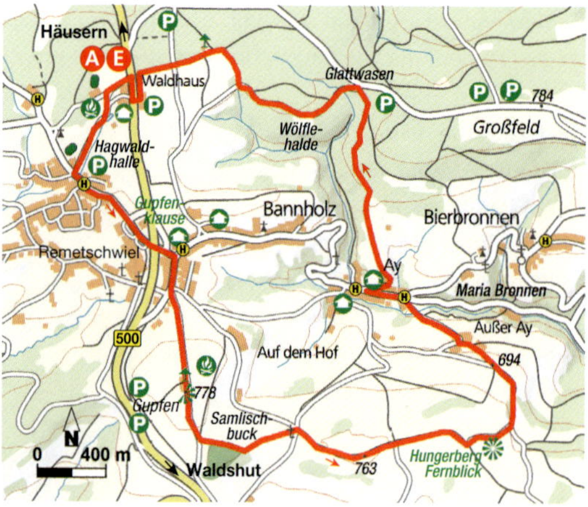

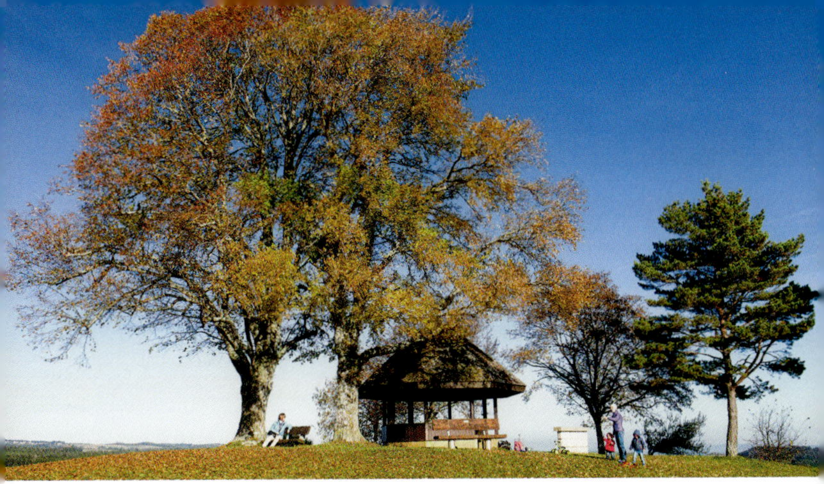

Der Pavillon auf dem Gupfen zählt zu den südlichsten und zugleich schönsten Aussichtspunkten im Schwarzwald.

Nun folgen wir dem Weg bis zu seiner Einmündung beim Wegweiser unterhalb vom Samlischbuck. Auf dem nächsten Abschnitt orientieren wir uns an den Schildern in Richtung Hungerberg. Damit geht es jenseits der Landwirtschaftsstraße quer über die Weide und am nördlichen Rand des Wäldchens am Samlischbuck vorbei bis zu einer Kreuzung. In etwa geradeaus führt uns der Höhenweg zum Wegweiser Hungerberg Fernblick und offenbart dabei bald freie Sicht über das Hochrheintal bis zu den Ostalpen. Jetzt biegen wir links ab und folgen der gelben Raute über Außer Ay und den Haselbach nach Ay.

Ab der Ortsmitte nahe dem Dorfplatz erfolgt der Rückweg über die Straße Zum Holzfeld. Diese beschreibt zunächst eine Linkskurve und steigt dann an in den Wald. Beim Wegweiser Glattwasen biegen wir links ab und folgen der gelben Raute über die Wölflehalde. Kurz bevor wir wieder aus dem Wald treten, knickt der Wanderweg nach rechts ab. Er leitet uns – erst nördlich, dann westlich – am Wald entlang und abschließend mit nochmals schönem Blick auf die Alpen zurück zur Brauerei Waldhaus.

Rinder am Samlischbuck

Die Wiesen am Samlischbuck werden zeitweise als Weide genutzt. Wenn uns ein Zaun den Weg versperrt, können wir links ausweichen und den dann oft schon vorhandenen Trampelpfad zwischen Weide und Acker nutzen.

Register

Impressum

Verantwortlich: Miriam Gieler
Lektorat und Satz: Verlagsbüro Wais & Partner, Stuttgart
Repro: Cromika
Kartografie: Bruckmann Verlag GmbH, Heidi Schmalfuß
Herstellung: Stephanie Schlemmer
Printed in Slovenia by Florjancic

★★★★★

Sind Sie mit diesem Titel zufrieden? Dann würden wir uns über Ihre Weiterempfehlung freuen. Erzählen Sie es im Freundeskreis, berichten Sie Ihrem Buchhändler, oder bewerten Sie beim Onlinekauf. Und wenn Sie Kritik, Korrekturen, Aktualisierungen haben, freuen wir uns über Ihre Nachricht an Bruckmann Verlag, Postfach 40 02 09, D-80702 München oder per E-Mail an lektorat@verlagshaus.de.

Unser komplettes Programm finden Sie unter www.j-berg-verlag.de

Autorenempfehlung
Sie sind auf der Suche nach weiterführender Literatur? Dann empfehlen wir Ihnen unseren Titel »Wanderungen für Senioren Schwarzwald«. Oder Sie werfen einen Blick in die Zeitschrift »Bergsteiger«. Hier werden Sie bestimmt fündig.
Ihre Annette und Lars Freudenthal

Bildnachweis: Alle Bilder im Innenteil und auf dem Umschlag stammen von den Autoren.
Umschlagvorderseite: Präg (Tour 40)
Umschlagrückseite: Auf dem Lotharpfad (Tour 11)

Die Deutsche Nationalbibliothek verzeichnet diese Publikation in der Deutschen Nationalbibliografie; detaillierte bibliografische Daten sind im Internet über http://dnb.d-nb.de abrufbar.

ISBN: 978-3-86246-805-8